# LES NULS
# LE LIVRE



*A Nono*

CANAL+ EDITIONS
ALBIN MICHEL

Arnold Boiseau, Christian Borde – alias Moustique – et Alexandre Pesle ont fait partie de l'aventure "Nulle Part Ailleurs" depuis le premier jour. A l'époque, notre quotidien était composé des "Pauvres Chômeurs alcooliques pauvres" d'Arnold, des "Big réus" avec le "CD" de Pelluche, et des "murs peints au vin" de Moustique.

Très occupé de son côté, Jean-Marie Gourio ne nous a rejoints qu'à partir de l'ABCD Nuls, et nous a fait découvrir le castor et les sacoches avec du jambon.

Trois d'entre eux nous accompagnent encore aujourd'hui à l'écriture, et nous espérons que ça durera le plus longtemps possible.

On vous aime...

**Les Nuls**

P.S. : Nous avons trouvé plus "enculeur-de-mouches" que Mathias Ledoux et nous réunis, il s'appelle Hervé "production lourde" Desinge. A lui aussi, merci.

**Illustrations et Bandes Dessinées :**

Alexandre Coutelis
Jean-Claude Denis
Victor de la Fuente
Carole Furby
Erik Juszezak
Vuillemin

**Photos :**

Gérard Bedeau (Canal +)
Jean Ber
Yves Bottalico

et Gamma, Interpress, Sipa Press, Sipa Icono, Roger Viollet


22, rue Huyghens 75014 Paris
ISBN : 2-226-04884-7

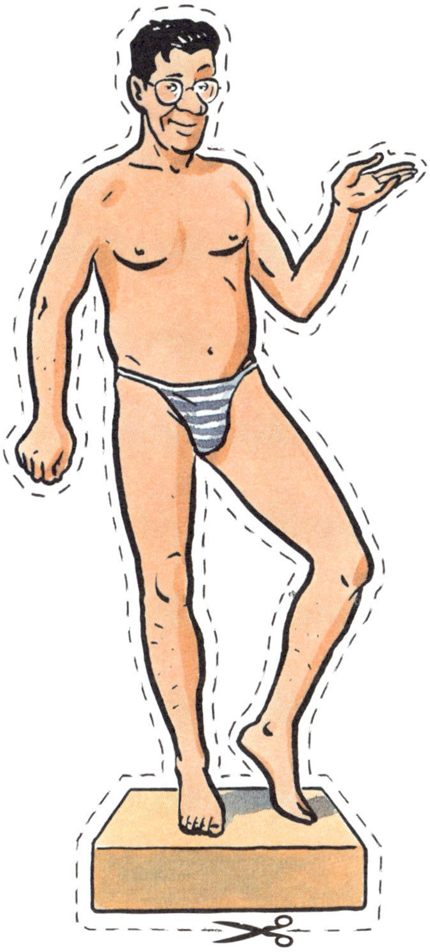

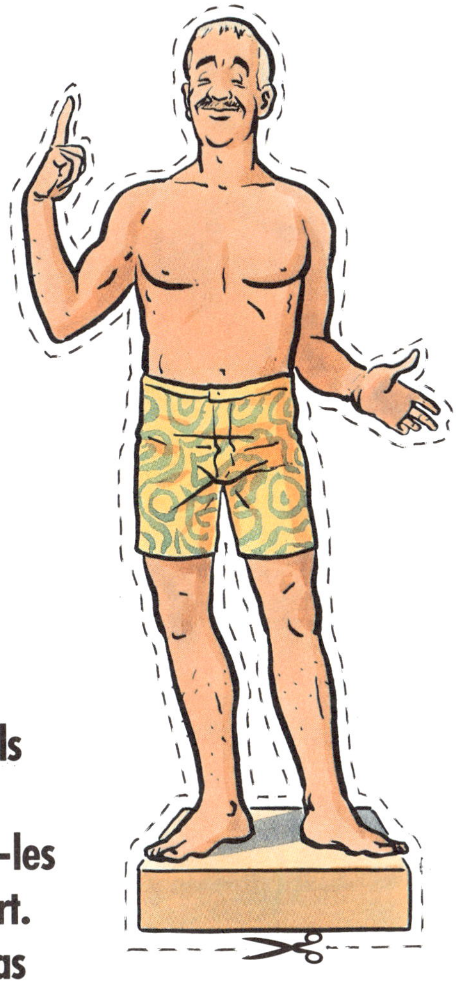

Découpe les Nuls
suivant les
pointillés, et colle-les
sur du carton fort.
Si tu ne veux pas
abîmer ton
beau livre,
cours vite chez
ton libraire
en acheter un autre !

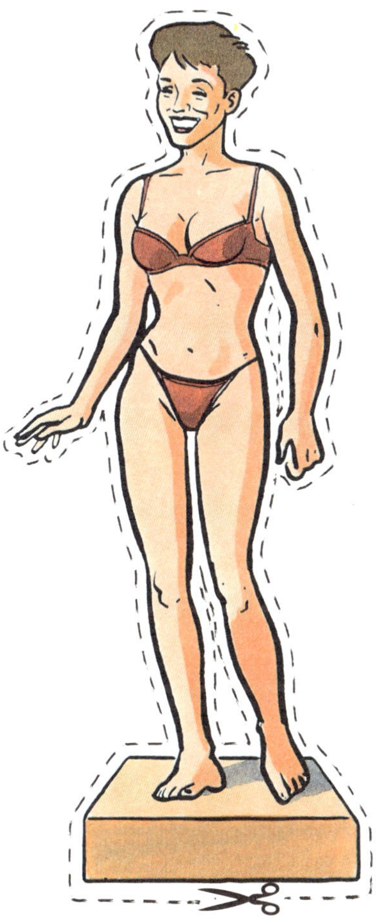

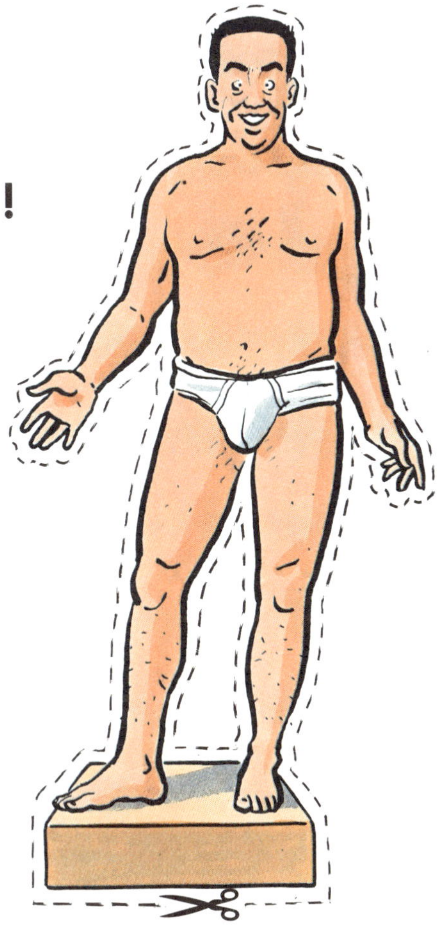

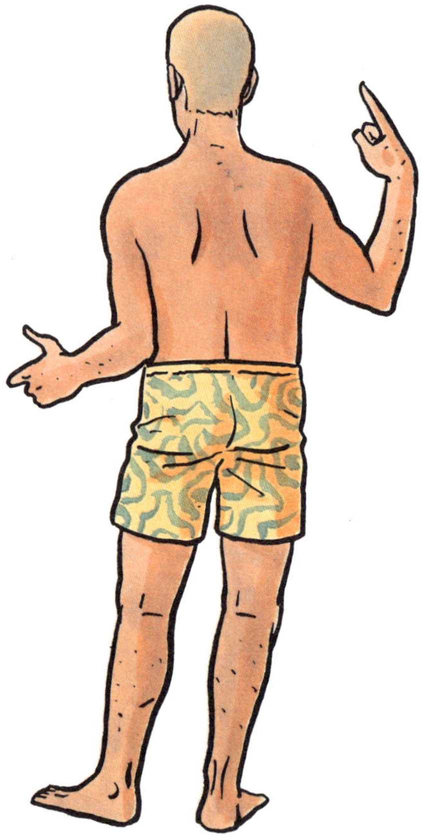

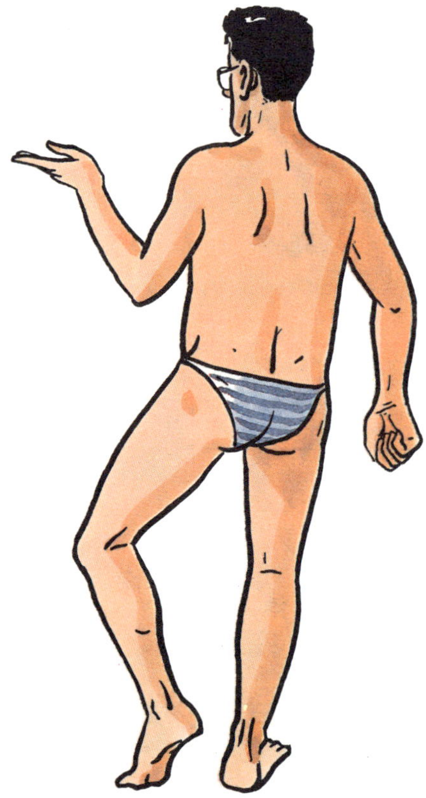

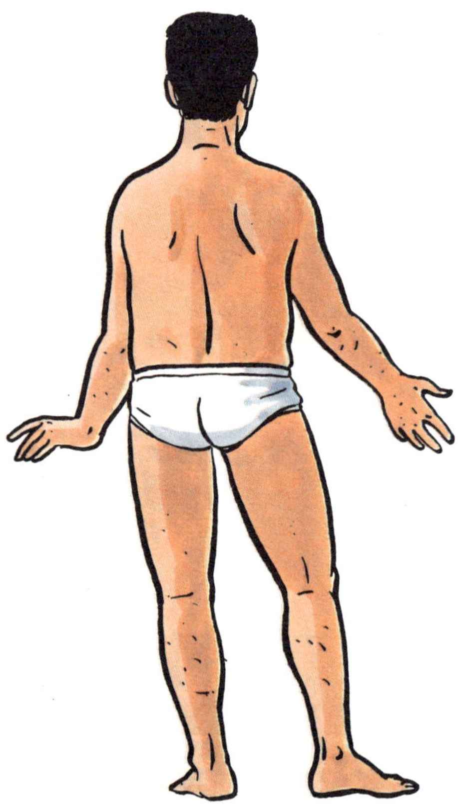

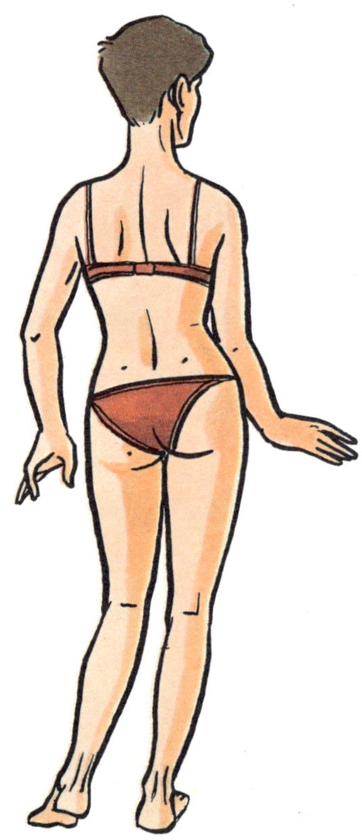

**Simple et amusant,
essaie d'attribuer
à chacun des Nuls
son costume**

# d'OBJECTIF NUL

# TRIVIAS

## OBJECTIF NUL

– Qui interprète le rôle des frères Brogdanoff ?

– Quel est le nom scientifique de la chaudière du Libérator ?

– Combien d'épisodes d'Objectif Nul ont été tournés ?

– Pourquoi le vaisseau est-il baptisé Libérator ?

– Quel animal familier le capitaine Lamar imite-t-il dans l'épisode O.N. ?

– Quel est le nom du cheval gagnant dans la 1re ?

– En dehors de Panty, qu'est-ce qui saute sans arrêt dans le vaisseau ?

– Le vaisseau est attaqué par des salades. Sont-ce : des laitues, des scaroles, du mesclun ou de la romaine ?

– A quelle heure était diffusé O.N. ?

– Une haute distinction a récompensé O.N. ! Laquelle ?

– Un seul membre de l'équipage n'en a pas, qui ?

– Quel jeu télévisé était parodié pour l'anniversaire du capitaine Lamar ?

– Quel est le nom de la monnaie employée dans le Libérator ?

– Qui joue le pirate de l'air dans l'épisode n° 24 ?

– Quel est le prénom du capitaine Lamar ?

– De quel signe est Panty ?

– Quel coiffeur célèbre se pend dans la chaudière ?

– Combien peut mesurer la baleine ?

– Chantonne le générique d'Objectif Nul.

– Maintenant frappe dans tes mains et esquisse un pas de claquettes.

– Comment s'appelle le copain d'école du capitaine Lamar ? (pour t'aider, ils étaient ensemble en 6e 2).

– Quels sont les meilleurs épisodes d'Objectif Nul ?

– A quelle distance de la Terre se trouve le vaisseau Libérator ?

Solutions page 62

# Tout Nulivers

n° 7
semaine du
18 au 32 Burosse 2032
tous les lundis

Saturne : 1 BzF 50
Xodium : 1 BzF 80
Monaco : 1800 F
Zoltek : 3/6

**ENCYCLOPÉDIE GALACTIQUE EN COULEURS • Tous les lundis**

## ASTRONOMIQUE

Ci-contre : le "Liberator" le vaisseau d'Objectif Nul au cours d'une de ses missions intersidérales

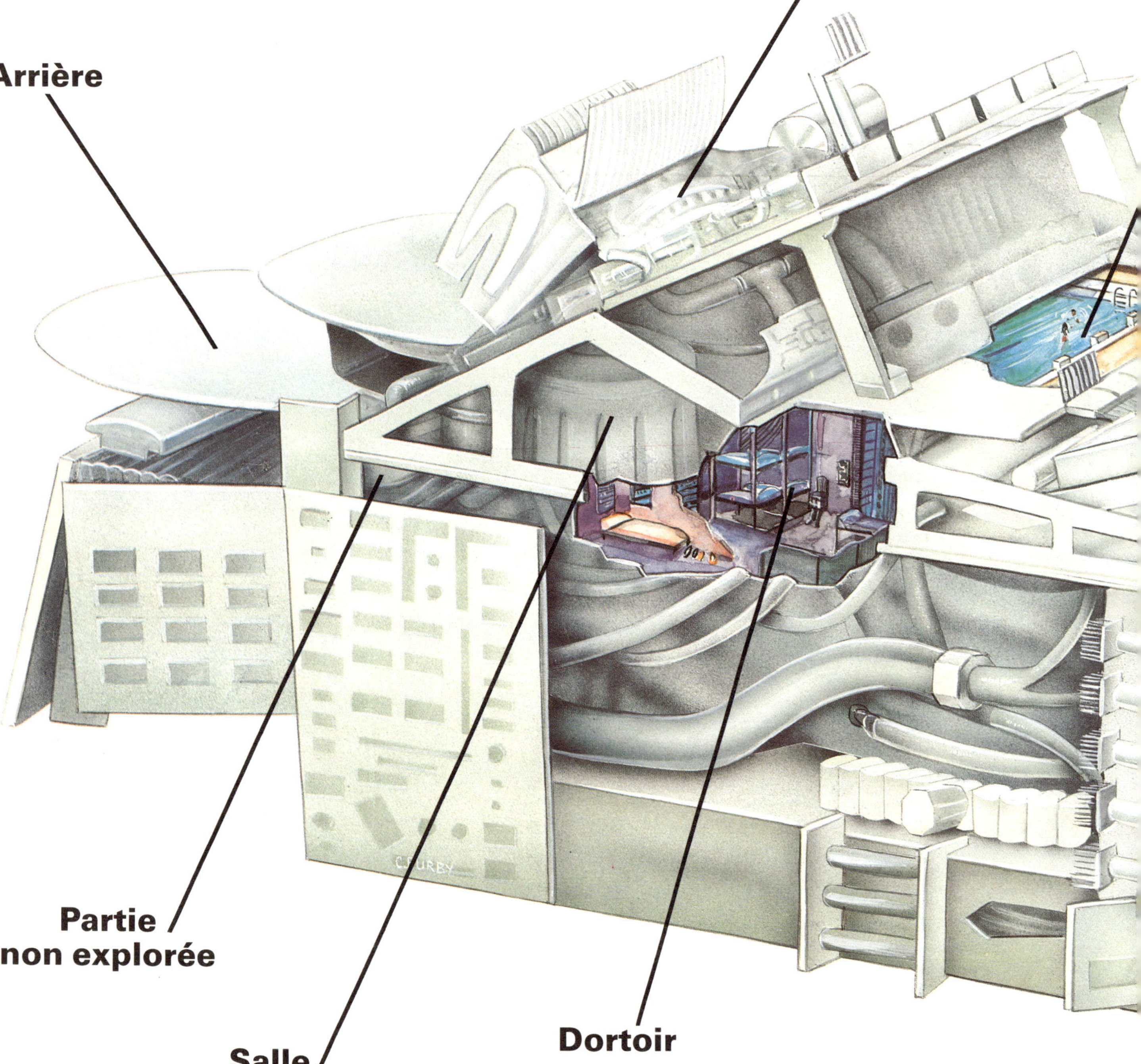


# LE LIBERATOR

## le vaisseau d'Objectif Nul (Plan en coupe)

● *vous êtes ici.*

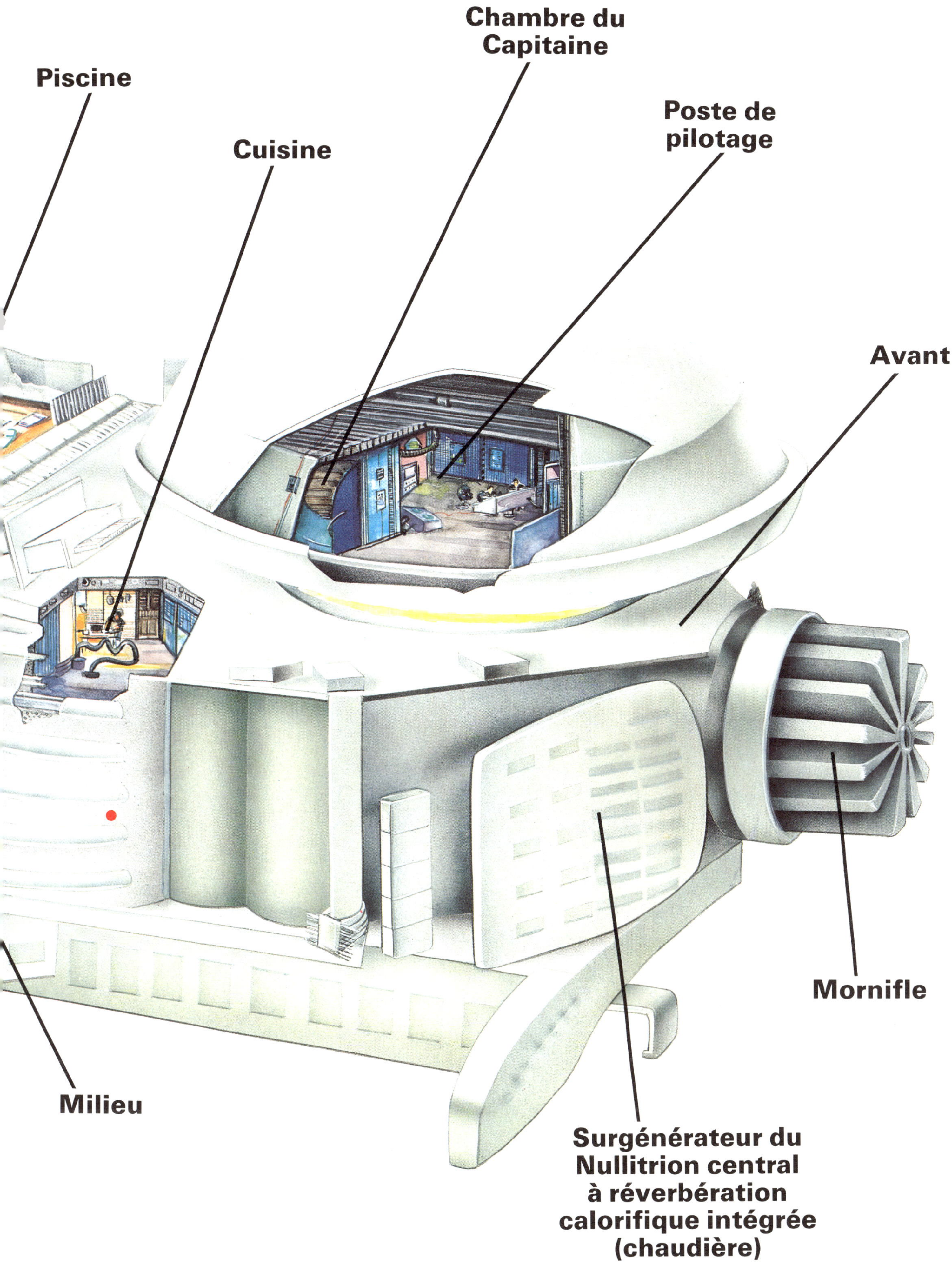
Chambre du Capitaine
Piscine
Poste de pilotage
Cuisine
Avant
Mornifle
Milieu
Surgénérateur du Nullitrion central à réverbération calorifique intégrée (chaudière)

# Fac-similé du Carnet de bord du Capitaine

02. FEV. VAISSEAU LIBERATOR . O.N. # 32 B.

09:00 Ce matin, après avoir fait mes besoins matinaux, j'ai mangé des Moukraines à la Glaviouze. Elles étaient écœurantes comme je les aime —

10:00 — Léger bruit dans la MORNIFLE. J'ai mis Syntaxéror aux fers.

10:30 PANTY occupe toujours la salle de bains. ~~Il faut~~ Je ne me laverai pas encore aujourd'hui. Tant pis, je m'habitue à l'odeur.

10:55 Le mercenaire fait ses pompes habituelles. Il en est à 312. ÇA M'ÉNERVE. Si ça continue, je demande mon TRANSFERT.

11:00 Ça sent l'huile frite... ZEITOUN doit se faire un casse-croûte. Je vais aller voir.

---

L. #32B. (LIB. 02 FEV.)

12:00 LE MINITEL est bloqué ! L'équipage est aux petites annonces Roses. Si j'étais pas CAPITAINE, je me joindrai bien au Groupe, mais bon. J'ai des RESPONSABILITÉS, Je dois donner l'exemple. Je vais attendre que tout le monde fasse la sieste pour composer LAURA code FOUNE.

12:30 REPAS — RAS COMME DAB. —

13:00 Panty est toujours à la S. de B. Elle se fait les ongles. Je me demande combien elle a de doigts.

14:00 Sieste pour l'équipage. Je veille. Je suis CAPITAINE.

14:10 MINITEL. R.A.S.

14:15 Je réveille Syntaxeror. Il refuse de mettre la perruque. Pas grave. Je lui cache la tronche avec un polochon. R.A.S.

---

O.N. # 32B. (LIB. 02 FEV.)

14:20 mais que fait Panty ?... Il FAUT que je me LAVE. Je colle.

16:32 Levée de l'EQUIPAGE. Ça sent l'huile frite. (C'est l'heure du goûter). Le mercenaire fait ses pompes. PANTY sort de la S. de B. (On dirait un sapin de Noël.)

17:00 Les choses sérieuses commencent.

18:00 R.A.S. J'ai juste un petit creux.

18:30 Ça sent l'huile frite... L'HEURE DU DÎNER ne va pas tarder. Les journées passent à une vitesse folle. C'est ça, "L'Espace" mais bon. On s'y fait. ~~Bon~~

19:00 ZEITOUN crie " À TABLE ! " (Je viens de changer de stylo, l'autre n'avait + d'encre.)

---

O.N. #32B. (LIB. 02 FEV.)

20:00 Panty regarde le " Ni-bite-Ni-couille " à la télé. Elle est forte à ce jeu là !

20:30 REPAS. ~~Je trouve que~~ R.A.S. (à part que c'était froid).

21:00 L'EQUIPAGE est crevé. Le doux ronronnement nous berce. J'aime cet instant de décompression. Je fais le point sur la journée. Panty regagne la salle de bains. Le mercenaire s'allonge dans le Réfrigérateur. Zeitoun gonfle sa poupée et Syntaxéror s'endort doucement sur mon ép...

21:40 Demain une rude journée nous attend. Je vais me coucher.

# PAIN A L'HUILE

**PAR ZEITOUN**

**LE COIN DES ASTUCES DE ZEITOUN**

***PAR ZEITOUN***

# PAIN A L'HUILE

## Pour 5 personnes

**Préparation : aucune**
**Cuisson : 0 min.**

*1 baguette de pain*

*1 l d'huile d'olive*

**1** Coupez dans la baguette cinq bouts de pain.

**2** Trempez dans l'huile.

**3** Mangez.

## *Mon conseil :*

- ***Le choix de l'huile d'olive est crucial pour la bonne réussite de cette recette. Autant le pain, je dis pas, autant l'huile, je dis. Et vous pourrez pas m'empêcher de dire. De dire que la baleine peut mesurer plus de 3 mètres. De dire que certains font même du chiche-kebab avec du beurre. De dire que j'ai de belles gambettes. C'est vrai.***

## Collection
# OBJECTIF NUL

**Une série d'ouvrages qui éclairent les différents aspects particuliers de la langue, pour permettre d'en découvrir et d'en utiliser judicieusement les ressources.**

### *déjà parus :*

**OBJECTIF NUL :** l'arrivée de Syntaxéror
**OBJECTIF NUL :** la nuit
**OBJECTIF NUL :** le froid
**OBJECTIF NUL :** le pirate de l'espace
**OBJECTIF NUL :** l'anniversaire du capitaine
**OBJECTIF NUL :** l'attaque des salades
**OBJECTIF NUL :** les sirènes
**OBJECTIF NUL :** le voyage dans le temps
**OBJECTIF NUL :** Dr Toast
**OBJECTIF NUL :** à la manière de ...
**OBJECTIF NUL :** Maklouf 1er, un bien étrange visiteur
**OBJECTIF NUL :** Jack Léopart, attaché culturel
**OBJECTIF NUL :** radio Syntax
**OBJECTIF NUL :** Bill Lamar et ses comètes
**OBJECTIF NUL :** l'esprit
**OBJECTIF NUL :** Heller-aid
**OBJECTIF NUL :** l'arrivée du mercenaire
**OBJECTIF NUL :** la 4e dimension
**OBJECTIF NUL :** la collision avec le vaisseau ENTREPRISE
**OBJECTIF NUL :** l'auto-stoppeuse
**OBJECTIF NUL :** la boum
**OBJECTIF NUL :** le concours
**OBJECTIF NUL :** la fiancée de Syntaxéror
**OBJECTIF NUL :** la langouste
**OBJECTIF NUL :** le permis de conduire de Panty
**OBJECTIF NUL :** le grand léchant mou
**OBJECTIF NUL :** le régime
**OBJECTIF NUL :** mission impossible
**OBJECTIF NUL :** la mobilisation spatiale
**OBJECTIF NUL :** l'inspecteur merdick
**OBJECTIF NUL :** la police de l'espace
**OBJECTIF NUL :** starquizz
**OBJECTIF NUL :** Zeitoun au Zénith
**OBJECTIF NUL :** le "ni bite, ni couille"
**OBJECTIF NUL :** le golf
**OBJECTIF NUL :** l'élection du capitaine
**OBJECTIF NUL :** les talents de Syntaxéror
**OBJECTIF NUL :** la forêt de moulouse
**OBJECTIF NUL :** la mornifle va sauter
**OBJECTIF NUL :** et pour quelques brouzouffs de plus
**OBJECTIF NUL :** la saisie
**OBJECTIF NUL :** l'avant-dernier épisode
**OBJECTIF NUL :** le dernier épisode

### *A paraître :*

**OBJECTIF NUL :** la police de l'espace (2e partie)

# CLASSIQUE LA ROUSSE

# le froid

OBJECTIF NUL

TEXTE COMMENTÉ

## P E R S O N N A G E S

| | |
|---|---|
| ZEITOUN | cuisinier |
| LAMAR | capitaine |
| SYNTAXEROR | androïde b-mâle |
| MERCENAIRE | soldat du vaisseau |
| EUDMO | bonze |
| PANTY | femme |

LA SCÈNE SE DÉROULE À BORD DU VAISSEAU SPATIAL "LE LIBERATOR".

1. Nous ne connaissons pas la distribution exacte des premières représentations. Nous pouvons cependant considérer comme établis les rôles suivants : *Zeitoun,* Bruno Carette ; *Lamar,* Alain Chabat ; *Syntaxeror,* Alexandre Pottier ; *Mercenaire,* Blats ; *Eudmo,* Rocky ; *Panty,* Chantal Lauby. A notre connaissance, les rôles n'ont pas été repris, ni échangés.

# OBJECTIF NUL LE FROID

## PROLOGUE

A des millions d'années-Burosse de la Terre, un équipage - Zeitoun, Panty, Syntaxeror, le mercenaire et le capitaine Lamar dérive toujours dans le cosmos à bord du Libérator. Leur objectif : Nul.

*(La décoration représente l'intérieur du vaisseau envahi par la neige, le givre et le froid.)*

## ACTE PREMIER

### SCÈNE PREMIÈRE — L'ÉQUIPAGE

*(Syntaxeror, couvert de givre et tremblant, tient un tournevis dans sa main droite.)*

SYNTAXEROR. — Capitaine ! Je n'arrive toujours pas à réparer le surgénérateur du Nullitrion Central interfacé au gicleur à réverbération calorifique intégré (1).

CAPITAINE LAMAR. — Vous voulez parler de la chaudière (2)... Syntaxeror ?

SYNTAXEROR. — De la chaudière, capitaine... Le froid gagne tout le vaisseau et en plus ça commence à affecter mes circuits, capitaine !
*Il dégrafe le haut de sa combinaison spatiale.*

*Zeitoun, en entrant dans le poste de pilotage.*

ZEITOUN. — Tes circuits, je sais pas, mais la cuisine c'est Olida on Ice. Ici, le con gelé est roi.

SYNTAXEROR. — Tu sais ce qu'il te dit le Roy ? !

ZEITOUN. — Tout ce que je peux vous préparer, c'est du cabillaud en sorbet. *Sortant un poisson pané et l'enfilant sur un bâtonnet*[1].

MERCENAIRE. — *En entrant, habillé en Tahitien, dansant et chantant.* Tamouré ! Tamouré ! Ça va les mecs ? Beau temps, hein ? Vingt années-Burosse dans la glace...(3) J'peux vous dire que moins trente Brouzouffigrades (4) c'est le pied !

1. Surgénérateur du Nullitrion Central interfacé au gicleur à réverbération calorifique intégré : chaudière.

2. *Chaudière :* surgénérateur du Nullitrion Central interfacé au gicleur à réverbération calorifique intégré.

3. Rappelons qu'avant d'arriver à bord du Libérator, le mercenaire a passé plus de soixante-quinze ans (20 années-Burosse) en état de congélation.

4. *Brouzouffigrades :* unité de température de l'espace (1° Celcius = environ 2 Brouzouffigrades).

**QUESTIONS**

I. Partant de ces éléments, imaginez un repas à bord du "LIBERATOR".

*Mercenaire s'adressant à Zeitoun.*

MERCENAIRE. — Je suis allé faire un peu de patin dans la cuisine, j'te raconte pas.

ZEITOUN. — Ooooh ! Chais pas comment vous faites ! ? Moi, encore moins dix degrés, et je me transforme en esquimau, dis !

MERCENAIRE. — Ben, t'en profiteras pour aller au cinoche, comme ça à l'entracte, tu te fais sucer [II].

## ACTE II

### SCÈNE PREMIÈRE — MERCENAIRE, CAPITAINE

(MERCENAIRE *entrant, mimant une guitare avec son fusil laser, et chantant sur l'air du tube "Pour moi la vie va commencer" de Johnny Hallyday.)*

Pour moi le froid va commencer
J'vais enfin m'cailler les pruneaux
J'aurai les muscles en surgelé
de la chetron jusqu'aux doigts de pieds
et le zboub comme un gros Miko.

CAPITAINE LAMAR. — Qu'est-ce que vous faites dans cette tenue vous ? !

MERCENAIRE. — Je givre. J'peux givrer non ? Y'a bien des mecs qui bronzent, moi je givre, et correk hein ? c'est pas du givrage intégral.

### SCÈNE II — ZEITOUN, SYNTAXEROR, MERCENAIRE.

*(Zeitoun, tentant désespérément de faire démarrer Syntaxeror complètement givré. (5))*

SYNTAXEROR, *ne démarrant pas.* — Broum, Brooom, prout, pet.

ZEITOUN. — ... Et en pissant dessus, comme pour les serrures, non ?

### SCÈNE III — L'ÉQUIPAGE.

SYNTAXEROR, *démarrant et entraînant, tel un hors-bord, le mercenaire à ski nautique.* — Brooom, Brooooooooooooaaar, vvvffff...

5. Le geste pratiqué par Zeitoun est le même que celui pratiqué aujourd'hui pour faire démarrer le moteur d'une tondeuse à gazon.

**QUESTIONS**

**II.** Que pensez-vous de cette taquinerie du mercenaire ? Quel aspect de son caractère est mis en relief dans sa déclaration ?

ZEITOUN. — Ah, ils sont fous, ils sont jeunes, allez, qu'ils z'en profitent, va... (6) *s'approchant de Lamar et Panty, et s'asseyant entre eux,* eh oui, de mon temps, y avait la steppe, et le vent... toujours le vent. Heureusement la Balalaïka nous réchauffait et nous faisait oublier les loups qui hurlaient dehors... et le téléphone sonnait... et mon père, qui imitait très bien la chouette, me frappait pendant mon dessin animé préféré... Ma mère... ma mère, qui était secrétaire, explosait quand un train passait (7).

*Le téléphone continue de sonner, Lamar décroche.*

CAPITAINE LAMAR. — Oui ? ...O.-K. MERCI (8). *Puis raccrochant :* le grand conseil nous envoie quelqu'un pour ranimer la chaudière.

ZEITOUN. — Qu'est-ce que je vous disais déjà ?... Ah oui.

*Et la cacophonie reprend.*

## ACTE III

SCÈNE PREMIÈRE — EUDMO, PANTY, LAMAR.

EUDMO, *entrant, vêtu d'un sari orange, portant deux jerrycans d'essence, et bégayant* — Bonz..., Bonz..., Bonz..., Bonzour... Je vi... viens p.p.pour la ch.chaudière.

PANTY. — Un bonze ?

CAPITAINE LAMAR. — Qui êtes-vous ?

EUDMO. — EUDMO.

CAPITAINE LAMAR. — Le bonze Eudmo ? Ça cache quelque chose.

PANTY. — Et en plus, il est bègue !

*Zeitoun, entrant et tenant deux lièvres à la main.*

ZEITOUN. — Un bègue, deux lièvres, trois raisons de faire un bonze Eudmo[III].

EUDMO. — S.s.si c'est ça, j.j.je v.v.vais m'im.m'im.m'immoler t.tout de ss.suite.

CAPITAINE LAMAR. — Hey ! Pas ici ! Dans la chaudière !

6. C'est dans ce genre de réplique que l'accent pied-noir de Zeitoun se fait le plus sentir.

7. Durant cette scène, une accumulation de bruits divers illustrant les propos de Zeitoun, crée une cacophonie sans nom.

8. Laissez des temps entre les mots, en imaginant que quelqu'un vous parle.

### QUESTIONS

**III.** Comment les Nuls justifient-ils l'entrée de Zeitoun, dont l'arrivée était ici nécessaire ?
- Trouvez, à votre tour, trois jeux de mots cocasses avec les mots : tuyau de poêle, voiture à bras, étoile à matelas.

## ACTE IV

SCÈNE PREMIÈRE — PANTY, LAMAR, ZEITOUN, MERCENAIRE, SYNTAXEROR

*Panty, soulagée, entrant et s'asseyant entre Lamar et Zeitoun.*

PANTY. — Ça y est ! Ça y est ! le bonze a tenté de s'immoler !

CAPITAINE LAMAR. — Ah ! super, la chaudière est réparée[IV] ?

PANTY. — Non, il n'a pas réussi, les allumettes étaient mouillées.

CAPITAINE LAMAR. — Et alors ?

PANTY. — Ben, il s'est pendu[V].

*Capitaine Lamar, frappant de rage son volant-coupé.*

CAPITAINE LAMAR. — Merde ! quel con ! Faut ranimer cette chaudière coûte que coûte.

MERCENAIRE, *entrant en compagnie de Syntaxeror* .— Ça va les mecs ?

L'ÉQUIPAGE. — Bof...

MERCENAIRE. -– Allez, quoi, faites pas cette gueule-là... charbon ?

L'ÉQUIPAGE. — Brûle...

MERCENAIRE. — Bois ?

L'ÉQUIPAGE. — Brûle...

MERCENAIRE. — Flotte ?

LAMAR, *levant le doigt, le rabaissant, se ravisant.* — Non, je l'ai pas dit...

MERCENAIRE. — Sorcière ?

L'ÉQUIPAGE. — Brûle...

MERCENAIRE. — Pour poing ?

L'ÉQUIPAGE. — Brûle...

MERCENAIRE. — Les étapes ?

L'ÉQUIPAGE. — Brûle...

MERCENAIRE. — Syntaxeror ?

SYNTAXEROR, *hurlant seul.* — BRUUUULE !

MERCENAIRE, *l'attrapant par le collet, menaçant.* — Tu l'as dit, hein ?..

*Tous les visages de l'équipage se tournent vers ce nouveau combustible*[VI], *terrorisés.*
*(RIDEAU)*

### QUESTIONS

**IV.** Relevez tous les procédés qui rendent cette scène de transition rapide et vivante.

**V.** Sur quel ton, maussade, indifférent ou empressé, Panty dit-elle "Il s'est pendu" ?

**VI.** A votre tour, essayez de trouver une dizaine de matériaux qui se brûlent (exemple : Juifs).

**Ludique et rigolo,**
**essaie d'attribuer**
**à chacun des Nuls**
**son costume du**

# JTN

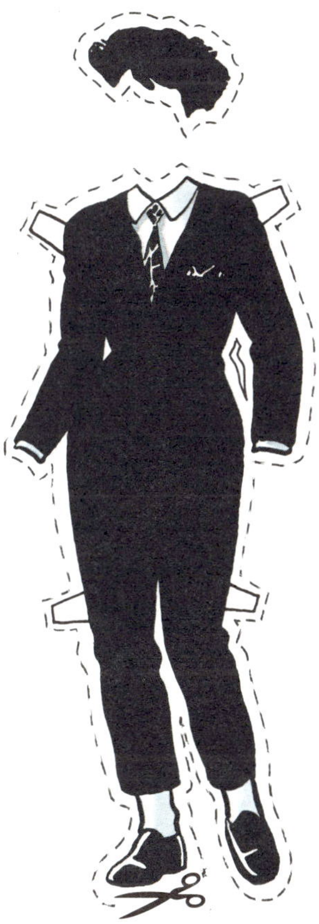

# TRIVIAS

## JTN

– Citez le nom des 3 journalistes du J.T.N. ?

– Citez le nom de M. Météo ?

– Qu'apportait Chantal tous les jours à la table du J.T.N. ?

– Quels étaient les noms des envoyés spéciaux du J.T.N. ?

– Qu'est-ce qu'on aurait aimé voir plus souvent ?

– Qu'est-ce qui explosait au printemps chez Valérie T ?

– Qui n'a pas cessé de nous étonner dans le J.T.N. ?

– Quel était le nom du commandant de la Sécurité routière ?

– A quelle heure passait le J.T.N. ?

– Quel est le plat commandé un soir de grande faim par les journalistes ?

– Qu'est-ce qui n'a jamais été développé dans le J.T.N. (en dehors de la bite et des seins) ?

– Qui est Thérèse ?

– Qui est Hercule ?

– Comment est la météo en effet ?

– Merci qui ?

– Où Chantal avait-elle mis son stylo ?

– A la suite de quelle émission sur l'A2, le samedi soir à 20 h 30, le J.T.N. a-t-il divisé la France ?

– Que veut dire J.T.N. ?

– Citez 2 têtes de turc du J.T.N. ?

– A 30 près, combien y a-t-il eu de fous rires dans le J.T.N. ?

– Quelle est la seule chose respectée dans le J.T.N. ?

– Quelle était la couleur des costumes ?

– Quelle était la couleur des cravates ?

– Le J.T.N. était-il en couleur ou en N. et B. ?

*Solutions page 62*

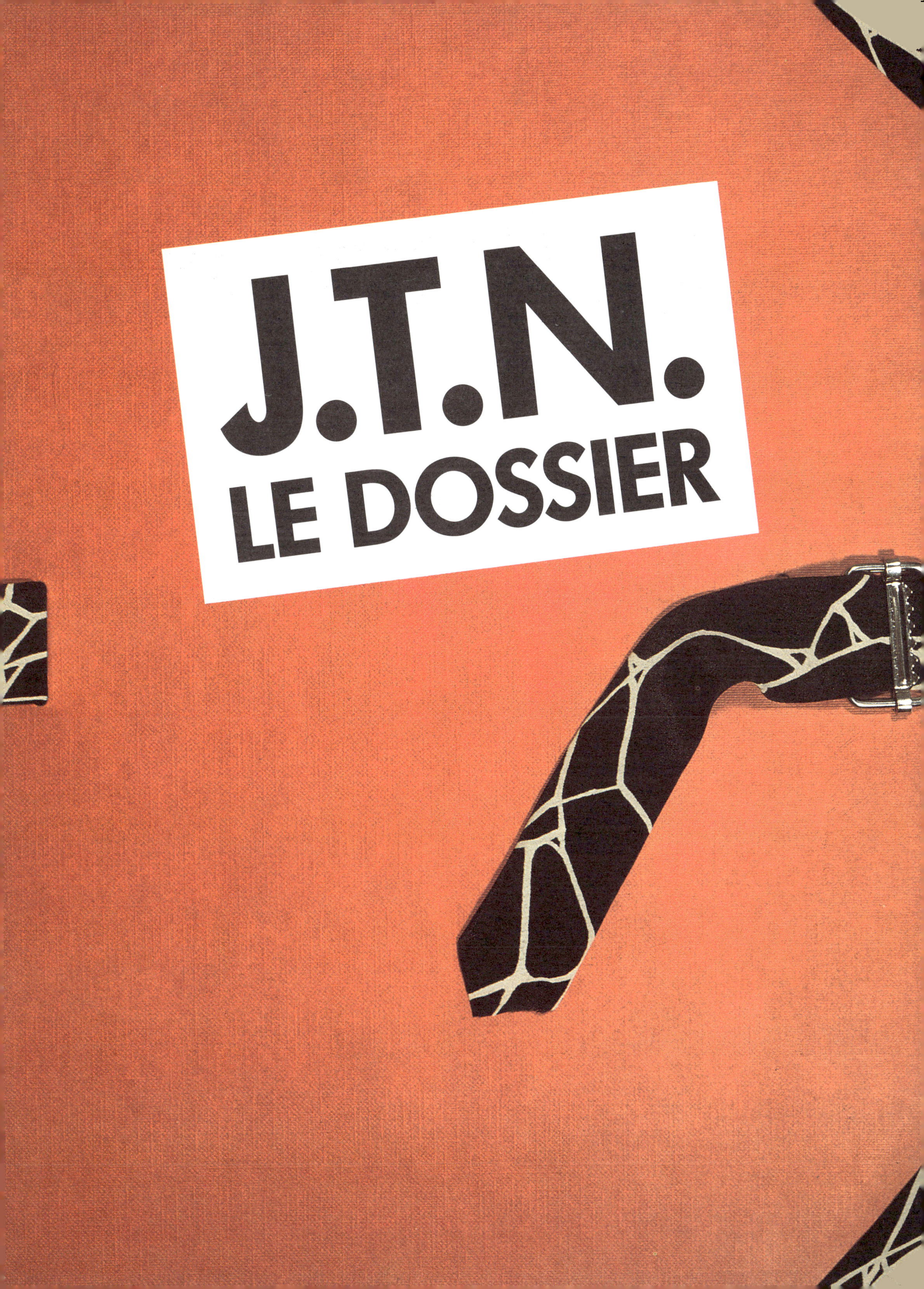
J.T.N.
LE DOSSIER

# Journal Télévisé Nul du 4 février

« A Gdansk, plus de 2 000 militants de Salidarnosc sont descendus dans la rue. Il faisait beau.
Voilà… Le titre ne sera pas développé dans cette édition… »

« Bonsoir, je suis Bruno Carette. »

« Bonsoir, je suis Chantal Lauby : L.A.U.B.Y. et non Nobi ou Lobi : L.O.B.I. ou Coby ou Rosy ou Zobi… ou Le Zeb… J'en ai assez de voir mon nom égratigné. Il a mal, mon nom. »

présentateur T.V. choisit son nom afin de faire passer un message. Dans P. Poivre d'Arvor, il y a le mot… d'Arvor. Et dans d'Arvor, il y a Dar et il y a Vor ! … »

« Haaaa… Ben oui. C'est évident, pourtant. »

« He ! Oui !!! Tenez : Bruno Masure. Masure = maison… foyer… "je rentre à la maison pour regarder Bruno Masure". »

« Mais non !!… Il y a… Si ! »

« Ah ? Zizi… Oui, oui. Ca y est, j'ai compris. Mais alors, si je comprends bien, dans Anne Sinclair, il y a… »

« Mais non, il y a rien. Vous n'avez rien compris. C'est son vrai nom, vous prenez un mauvais exemple… »

« Heu, Chantal, bonsoir, je suis Alain Chabat, vous en faites peut-être un peu trop. Vous n'avez jamais, que je sache,reçu de lettres adressées à Chantal Le Zeb. »

« Non, mais ça peut arriver ... Il vaut mieux prévenir que guérir : 4 millions de téléspectateurs avertis en valent 8, je pense à notre indice d'écoute, et doubler le chiffre, en une seule phrase, même P.P.D.A. n'a jamais réussi à faire mieux. »

« Ben justement, voila un bon exemple : Patrick Poivre d'Arvor, un nom qui peut paraître stupide et qui est pourtant mûrement réfléchi. Ce que vous ignorez peut-être, c'est que chaque

« Puuuuutain ! ... »

« Et on peut même aller plus loin ! ... Mourousi : dans Mourousi, il y a ... ? ... »

« ... Mou ? »

« Non, j'ai fait exprès pour voir si ... »

« Alain, comment vous appelez-vous en réalité ? »

« Pinchard »

« Et vous avez choisi ? ... »

« Chabat »

« Pour le Chat ? ... »

« Ha ben oui, pour le bas ...Je pensais à autre chose. J'avais même pensé à Alain Chacollant, mais je trouvais Chabat plus érotique ... Mais Bruno, avec ce raisonnement, on peut aller très loin... »

« Au Tchad, alors que les émissaires français sont arrivés ce matin ... »

« Mais dans Sannier, il y a Sa ? »

« Il y a rien, imbécile. La météo, Dominique ... »

« Merci Dominique, je sais que dans Dominique, il y a Do ... Et puis-je vous rappeler le titre principal de cette édition ... Heu, Chantal ... Vous avez un tampax sur l'oreille ... »

« Oh, ... »

Non ! Pour le ... »

« Pour le Bas ? ... »

« Levez-vous, Alain ... »

l y a Niais, imbécile ! »

« Tchad : alors que les émissaires français sont arrivés ce matin, à N'Djamena ... »

« Excusez-moi, Bruno ... Après je vous embête plus avec ça, mais je repense, là : dans Farrugia, il y a ... »

Qu'est-ce que j'ai fait de mon ylo ? ... »

« Prochain J.T.N., demain ... »

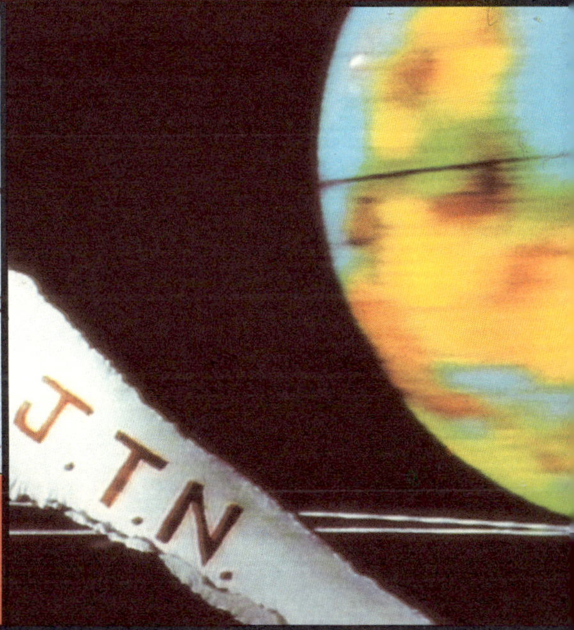

LANGAGE VERT
''CONNARD, PEDE, VA TE FAIRE FOUTRE, PAUVRE LAID''. C'EST EN CES TERMES QUE NICOLAS LE JARDINIER S'ADRESSE AUX ARBRES POUR LES TRAITER.

A MOURIR DE RIRE
80% DES FRANCAIS SE TUENT EN MOURANT.

IRAN, TOUJOURS. A L'HOTEL HILTON DE TEHERAN, 8 TOURISTES FRANCAIS SONT DETENUS DANS UN ASCENSEUR DEPUIS CE MATIN. SELON UN COMMUNIQUE DU JIHAD, SI LA FRANCE NE CEDE PAS A SES EXIGENCES AVANT 21 HEURES, L'ASCENSEUR MENACE DE DESCENDRE 1 ETAGE TOUS LES QUARTS D'HEURE.

NEGLIGENCE
UN FŒTUS DE MARTIEN GLUANT, VERT ET MOU, MACULANT UN VIEUX KLEENEX, C'EST TOUT LE SOUVENIR QUE LAISSE UNE JEUNE LESBIENNE A SA COMPAGNE, APRES UN 69 A LA FIN DUQUEL ELLE AVAIT ETERNUE SANS PRESERVATIF.

SCULPTURE
SELON SES DECLARATIONS, LE SCULPTEUR CESAR COULERAIT UN BRONZE TOUS LES SOIRS.

LE PRESIDENT DES ANCIENS COMBATTANTS, PAUL BADUC, VIENT D'ETRE ARRETE POUR VIOL AVEC PREMEDITATION. IL AVAIT REUNI LES MISS BEAUTE DES PRINCIPALES VILLES DE FRANCE POUR LA FETE DE FIN D'ANNEE; QUAND SOUDAIN, IL S'EST JETE SUR LA MARSEILLAISE ET L'A ENTONNEE...

CODE DE LA ROUTE
POUR L'AUTOROUTE : DU 130. POUR LES NATIONALES : DU 90. ET POUR LA CIRCULATION : DU 100.

POESIE
UNE FISTULE DANS LA FOUFOUNE; CA COMMENCE COMME UN ROMAN CHINOIS DE PEARL BUCK ET CA FINIT COMME UN TRAGIQUE FAIT DIVERS A LA BUKOWSKI. EN EFFET, MAUVAIS DIAGNOSTIC POUR CETTE PROSTITUEE QUI N'ETAIT AUTRE QU'UN TRAVESTI SOUFFRANT D'HEMORROIDES.

TICKET-BEAUF
''JE SUIS LE CANDIDAT UNIQUE DU FRANCAIS MOYEN QUI EST TRISTE DANS LE METRO'' A DECLARE EMILE DUBIG, LE TOUT NOUVEAU CANDIDAT A L'ELECTION PRESIDENTIELLE.
''PROFESSION DE FOI RACISTE'' DECLARE LE SYNDICAT DU FRANCAIS MOYEN QUI EST GAI DANS L'AUTOBUS.

SERGE GAINSBOURG LEGUE SON CORPS A LA SCIENCE, SAUF LE FOIE QU'IL OFFRE A HEDIARD.

BONNE NOUVELLE : EN EFFET, LES RESSORTISSANTS ETRANGERS VIVANT EN FRANCE DEPUIS PLUS DE 15 ANS, POURRONT DESORMAIS SE FAIRE NATURALISER. IL LEUR SUFFIRA DE PRECISER PAR TESTAMENT S'ILS DESIRENT SE FAIRE EMPAILLER AVANT QU'ON JETTE LEUR CADAVRE A LA FOSSE.

ENSEIGNEMENT
UNE ADDITION CHAHUTE ET PREND 8 HEURES DE RETENUE.

L'ARBITRE VOIT ROUGE : SIMONE BLONQUITE, AVANT CENTRE, S'EST ENERVEE SUR LE TERRAIN, ELLE A ETE EXPULSEE. L'ARBITRE DECLARE : ''SUR LES TERRAINS, COMME LES FOOTBALLEURS, LES FOOTBALLEUSES ONT DES REGLES AUXQUELLES ELLES NE PEUVENT ECHAPPER''.

Y M'A CULE
UNE JEUNE FEMME INCARCEREE A FLEURY-MEROGIS ET INEXPLICABLEMENT ENCEINTE DEPUIS 3 MOIS ALORS QU'ELLE N'AVAIT RECU AUCUNE VISITE DEPUIS UN AN, VIENT D'AVOUER : ''J'EN AVAIS GARDE DANS LA BOUCHE.''

KOUROU, COUCOU
ARIANE A DEJA ETE TIREE 21 FOIS. ELLE SERA DESORMAIS TIREE TOUS LES DEUX MOIS. C'EST PAS BEZEF, MAIS CA VAUT MIEUX QUE RIEN.

GASTEROPODES
DES CHERCHEURS ANGLAIS AFFIRMENT QUE CERTAINS MOLLUSQUES CHANGENT DE SEXE A CAUSE DE LA POLLUTION EN MER DU NORD. HENRI CHAPIER VIENT DE S'INSCRIRE A LA COURSE CALAIS-DOUVRES A LA NAGE.

IL FAISAIT L'AMOUR DEBOUT : PHILIPPE BOUVARD S'EST CASSE LE PIED EN TOMBANT D'UNE DAME.

VOUS SAVEZ BIEN ENTENDU QU'ON NE DIT PLUS ''AVEUGLE'' MAIS ''NON-VOYANT'', QU'UN SOURD EST APPELE MAINTENANT ''NON-ENTENDANT'' ET QUE LES MORTS SONT DEVENUS DES ''NON-VIVANTS''. C'EST AU TOUR DES FEMMES QUI REFUSENT LA FELLATION, DE CHANGER DE NOM MAINTENANT PUISQU'ON LES APPELLERA DESORMAIS LES ''NON-D'UNE-PIPE''.

C'EST EN EXAMINANT UNE PATIENTE QUI PRESENTAIT DES SYMPTOMES DE GROSSESSE : NAUSEES, VOMISSEMENTS, QU'UN GYNECOLOGUE S'EST APERCU QU'ELLE CONFONDAIT SIMPLEMENT GLOTTE ET CLITORIS.

LES DROITS DE TOUS LES TUBES DE SONY ET CHER DATANT DES ANNEES 62 A 67 VIENNENT D'ETRE VENDUS AUX ENCHERES A SONY... ET SONY, C'EST PAS CHER.

NOUS CROYIONS LES FLEURS DU MAL DISPARUES, SACHANT QUE BAUDELAIRE EN AVAIT COMPOSE UN ULTIME BOUQUET. LAS, CAR IL Y A TROIS JOURS A PEINE DE CELA, UN JEUNE ET JOLI BOTANISTE, TEL UN MAGICIEN DE LA NATURE A RECREE L'ESPECE ET PRESENTE, POUR HUIT JOURS ENCORE, DANS LES SALONS DE GONZAGUE SAINT-BRIS SA FLEUR DU MAL : ELLE EST MAUVE AVEC UNE GROSSE TIGE.

CE MATIN, UN CLIENT EST PARTI EN PLEURANT MAIS HEUREUX. EN EFFET, CELA FAISAIT DEUX HEURES QU'UN VENDEUR LE FELICITAIT D'EN AVOIR SIX. ET C'EST APRES MURE REFLEXION QUE LE DISQUAIRE A REALISE QUE LE CLIENT DISAIT ''GENESIS'' ET NON PAS ''J'EN AI SIX''.

NOCES D'OR
L'HOMME LE PLUS RADIN DU MONDE VIENT D'EPOUSER LA PREMIERE VENUE, CELLE-CI LUI AURAIT FAIT DES AVANCES...

RARISSIME
A ROLAND GARROS, NOAH GAGNE SANS SE FOULER.

UN AUSTRALIEN CHAUVE QUI FAISAIT LA SIESTE DANS UN TROU A FAILLI MOURIR ETOUFFE, COUVE PAR UNE AUTRUCHE.

MODE

DEPUIS QUE LES HOMMES PORTENT DES HOLSTERS SUR LA TETE, LA MODE C'EST DE METTRE AVANTAGEUSEMENT LES PISTOLETS DANS LES SLIPS.

Y'A PAS QUE LE CUL...

UN AMOUREUX ECONDUIT A DECIDE D'EN FINIR AVEC LA VIE. IL A REVU UNE DERNIERE FOIS CELLE QU'IL AIMAIT ET, APRES AVOIR BU SES PAROLES, IL S'EST PENDU A SES LEVRES.

UN CONTORSIONNISTE QUI S'EST SUICIDE, A REUSSI A MOURIR SUR LE COU.

REFORMES CHIRAQUIENNES

ON NE DIRA PLUS MONGOLIEN, MAIS MONGOLISTE.

SOUDAIN VICTIME D'UNE ENORME TRINGLE IRREPRESSIBLE ET DOULOUREUSE, UN KINESITHERAPEUTE PREND LA TETE DE SON CLIENT ET TIRE SON COU.

RETARD A ORLY SUD

TOUS LES PASSAGERS DU VOL SPHINCT-AIR SONT EN CE MOMENT EN TRANSIT... INTESTINAL...

927^E RECONSTITUTION

APRES LA 927^E RECONSTITUTION, ON N'EXCLUT PAS LA THESE DE L'ACCIDENT. EN EFFET, UN TEMOIN AURAIT APERCU LE PETIT GREGORY, LE JOUR DU DRAME, AU BORD DE LA VOLOGNE, JOUANT AVEC UNE CORDE A SAUTER DANS UN SAC POUBELLE. UNE AFFAIRE A SUIVRE...

UNE SIMPLE FAUTE DE FRAPPE ET C'EST TOUTE UNE PAGE DE L'HISTOIRE DE FRANCE QUI SE DECHIRE. TENEZ, JEANNE D'ARC, PAR EXEMPLE : ON A DIT QU'ELLE ETAIT MORTE SUR LE BUCHER. EN FAIT, ELLE A BOUFFE DES ONGLETS HORS DE FRANCE ET ELLE EST MORTE CHEZ LE BOUCHER. CE QUI PROUVE UNE FOIS DE PLUS QUE LA BOUFFE ANGLAISE, C'EST VRAIMENT DEGUEULASSE.

A FORCE DE S'ENTENDRE DIRE QU'IL AVAIT UN CUL GROS COMME CA, UN PARACHUTISTE, POUR VOIR, S'EST EMPALE SUR UNE CHEMINEE D'USINE. C'ETAIT VRAI.

JOURNEE MONDIALE ANTI-TABAC
DEMAIN JOURNEE MONDIALE ANTI-TABAC : METTEZ AUJOURD'HUI, LES BOUFFEES DOUBLES.

ALAIN BOUGRAIN-DUBOURG LANCE UNE NOUVELLE EMISSION DOUBLEE D'UNE OPERATION DE GRANDE ENVERGURE : IL S'AGIT DE SAUVER LES DERNIERS COMMUNISTES EN FRANCE. IL REIMPLANTERAIT DONC UN JEUNE COUPLE DANS UN MILIEU ARTIFICIEL, RECONSTITUE POUR L'OCCASION, OU ILS POURRAIENT PROCREER. BRIGITTE BARDOT A DEJA DECIDE D'EN ADOPTER UN. ANTOINE WAECHTER VIENT D'APPORTER SON SOUTIEN A ANDRE LAJOIGNIE POUR CETTE OPERATION INTITULEE : ''UN ARBRE, UN COMMUNISTE''.

DICK RIVERS APPELLE CA DES CHEVEUX. LES PROFESSIONNELS DE LA PECHE... DU NYLON.

PROPRETE SUISSE
DEUX MILLIONS DE FRANCS SUISSES D'AMENDE : UN CANADAIR AURAIT PISSE CONTRE UNE MONTAGNE.

CONFLIT DE MER
LES POISSONNIERS DURCISSENT LE THON.

HALTE AU PORNO
TOUS LES JOURS DES MILLIONS DE PILULES SE FERAIENT SUCER.

UN PET A ETE ARRETE, PUIS RELACHE, FAUTE DE PREUVE. LES POLICIERS N'AVAIENT RETROUVE AUCUNE TRACE DE PNEUS DANS LE SLIP.

JACQUES CHIRAC DECLARE : ''JE PERDS MES CHEVEUX A PARIS, CAR J'AI MES RACINES EN CORREZE''

PASTILLE
L'AUTRICHE VA CRACHER SA WALDHEIM.

AVIATION
MARCHE DU SIECLE POUR AIRBUS INDUSTRIE : LA FIRME INTERNATIONALE ''LEASE FINANCE CORPORATION'' VIENT EN EFFET DE PASSER COMMANDE FERME DE 46 AIRBUS A 3 F 20.

MODE
CETTE ANNEE, LE CHAPEAU SE PORTERA SUR LA TETE... TRES CLASSIQUE, SOMME TOUTE.

RHAAAA LOVELY
UNE CABINE TELEPHONIQUE A CONNU L'ORGASME LORSQU'UN USAGER A PLACE SA GROSSE PIECE DANS LA FENTE.

DRAME DE LA VIEILLESSE
PRESQUE GRABATAIRE, IL ETAIT INCONTINENT ET TENAIT EN BAVANT DES PROPOS INCOHERENTS. SES PARENTS NE POUVAIENT PLUS S'EN OCCUPER. SES ENFANTS NE VOULAIENT PLUS DE LUI. MICHEL DEBRE VIENT D'ENTRER A L'ACADEMIE FRANCAISE.

AFFAIRE DE FAMILLE
ROBERT MITTERRAND VIENT DE SORTIR AUX EDITIONS R. LAFFON, UN LIVRE INTITULE ''FRERE DE QUELQU'UN''. UN TRES BEAU LIVRE, PUISQU'ON NE CONNAIT LE NOM DE CE FRERE QU'A LA DERNIERE PAGE.

REVELATION
UNE FEMME QUI AVAIT LA BOUCHE EN CUL DE POULE VIENT DE PONDRE DES YEUX.

CLICHE
LA MYSTERIEUSE PHOTO D'UN MORT BLANC CREPU, ALLONGE AU SOLEIL SUR DES BOULES DE NEIGE AVEC DES LUNETTES DE VUE, N'ETAIT AUTRE, HEUREUSEMENT, QUE LE NEGATIF D'UNE PHOTO DE VACANCES DE STEVIE WONDER SE REPOSANT LA NUIT SUR UN TAS DE CHARBON.

CHEEEESE !
GRACE A SON MERVEILLEUX SOURIRE, OMAR SHARIF PROUVE UNE FOIS DE PLUS QU'IL EST CHAMPION DE BRIDGE.

LA MORT AUX DENTS
PENDANT UNE COURSE DE TROT ATTELE, UN CHEVAL A FREINE BRUSQUEMENT. BLOQUE NET, LE JOCKEY A ETE VIOLEMMENT EXPULSE DE SON SULKY ET EST VENU S'ENCASTRER EN ENTIER DANS L'ANUS DU CHEVAL QUI S'EST ECROULE EN EXTASE, MORT ETOUFFE PAR LA CRAVACHE.

EN BREF
EN RAISON DE LA GREVE DES P.T.T., LA PREMIERE DE LA PIECE DE ROBERT HOSSEIN ''L'AFFAIRE DU COURRIER DE LYON'' EST RETARDEE.

UN MARI DEVENU IMPUISSANT EN REGARDANT TF1, PREND UN VOISIN EN OTAGE ET MENACE DE FAIRE SAUTER SA FEMME.

FRANCE REGIONS
LA CHAINE FR3 AURAIT REPRIS SES PROGRAMMES DEPUIS HIER. RAPPELONS QUE, VOUS NE LE SAVEZ PEUT-ETRE PAS, LA CHAINE ETAIT A NOUVEAU EN GREVE DEPUIS UN MOIS. REUNIE AFIN DE REFLECHIR SUR L'AVENIR DE LA CHAINE, LA DIRECTION PLANCHAIT CE MATIN SUR ''L'EXISTENCE DES SPEAKERINES AU SEIN DE FR3'' ET SUR LA POSSIBILITE ''D'EMETTRE SES EMISSIONS EN COULEUR AVEC DU SON''

COHABITATION
ARMES DE PELLES ET DE SACS DE SABLE, DES GRINCHEUX ETEIGNENT UN FEU DE JOIE.

PECHE-MOIGNON
DEUX MANCHOTS PRIS DE QUERELLE SE SONT EMBRASSES, FAUTE D'EN VENIR AUX MAINS.

PIRATE DE LA ROUTE
CE SONT CETTE FOIS DEUX TOURISTES SUISSES QUI ONT ETE SAUVAGEMENT AGRESSES SUR L'AUTOROUTE A6 PAR UN MALFAITEUR QUI LES A DEPOUILLES, AVANT DE PRENDRE LA FUITE. ''NOS VACANCES SONT FICHUES, ONT DECLARE LES SYMPATHIQUES TOURISTES, NOUS AVIONS ECONOMISE POU A POU. IL NOUS A DEPOUILLES COMPLETEMENT, NOUS N'AVONS PLUS UN POU POUR RENTRER. LE VOLEUR, QUANT A LUI, RISQUE DE SE FAIRE PRENDRE CAR LES 12000 POUX SUISSES SORTAIENT DE LA BANQUE ET SONT TOUS TATOUES.

LE CARNAVAL DE HEATHROW PRES DE LONDRES S'EST TERMINE PAR DE VIOLENTS AFFRONTEMENTS ENTRE LES FORCES DE MICKEY ET LES PRO-SNOOPY. ARMEE DE LANCE-GAGS, LA POLICE AU NEZ ROUGE A REPOUSSE LES ASSAILLANTS EN LES ROULANT PAR TERRE. LES RAPETOUX ONT DECLARE QUE LA BRIGADE DONALD AURAIT PU ETRE APPELEE PLUTO.

UNE ANCIENNE NAGEUSE DE L'EST DEVIENT LA COQUELUCHE DES JEUNES ALLEMANDS. A LA QUESTION : ''POURQUOI AVEZ-VOUS ABANDONNE VOTRE PREMIER SPORT?'' LA JEUNE CHAMPIONNE A REPONDU QUE LA FEDERATION INTERNATIONALE DE NATATION LUI CASSAIT LES COUILLES ET QU'EN TENNIS IL SERA BIENTOT NUMERO UN.

SPACE DE CON

LA GRANDE-BRETAGNE EXCLUE DE L'EUROPE DE L'ESPACE : APRES DE SAVANTS CALCULS, IL S'EST AVERE QUE L'AVION SPATIAL HERMES NE POUVAIT PAS VOLER CONTINUELLEMENT A GAUCHE ET QU'IL EST IMPOSSIBLE DE REDESCENDRE LA STATION ORBITALE TOUS LES JOURS A 5 HEURES POUR LE THE.

EN BREF, UN OCTOGENAIRE DU GARD TROUVE LA MORT. PAS DE TEMOIN. PAS DE MOBILE. PAS DE MEURTRE. L'HOMME SE PORTE BIEN.

UNE SICILIENNE A DECOUVERT 92 MILLIONS DE CENTIMES EN PETITES COUPURES DANS UN TRAIN. ELLE LES A APPORTES AUX OBJETS TROUVES DE LA GARE DE TURIN. SI LE PROPRIETAIRE NE SE MANIFESTE PAS DANS LES DEUX SECONDES, L'ARGENT SERA REMIS A L'ETAT ITALIEN.

YAOURT

TOUT EN S'ALIGNANT SUR LA NOUVELLE REGLEMENTATION CONCERNANT LES CHEQUES DE FAIBLE SOMME, L'ETAT A PRIS LA DECISION DE PROMULGUER UNE LOI CONCERNANT LES BANQUES DE SPERME. DORENAVANT, LES RETRAITS DE MOINS DE 20 LITRES SERONT SOUMIS A UNE AMENDE. C'EST LA CONSTERNATION CHEZ LES PETITS DONNEURS.

ELLE A 25 ANS ET DEPUIS L'AGE DE 14 ANS, ON LA VIOLE. UNE MAIN DROITE VIENT DE PORTER PLAINTE CONTRE UNE BITE.

PAMPERS
UNE EMPLOYEE LICENCIEE APRES AVOIR FAIT UNE FAUSSE COUCHE.

L'ILLUSTRE CHEF D'ORCHESTRE ALLEMAND KURT MOHL DIVORCE POUR LA QUATRIEME FOIS. SA FEMME DECLARE : ''IL PORTE BIEN SON NOM''. LE MAESTRO BLESSE DANS SON AMOUR PROPRE DECIDE DE CHANGER DE NOM. IL SE FERA APPELER DESORMAIS : LONG DUR.

ESCALADE DANS LE GOLFE
LA FLOTTE FRANCAISE AYANT JETE L'ANCRE, LES IRAKIENS REPLIQUENT EN JETANT DES STYLOS.

S.O.S. SUICIDE
ETATS-UNIS : LE SUICIDE NE PAIE PAS. UN JEUNE NEGRE QUI AVAIT TENTE DE METTRE FIN A SES JOURS, A ETE INCULPE DE TENTATIVE DE MEURTRE AVEC PREMEDITATION, NON ASSISTANCE A PERSONNE EN DANGER ET INCITATION AU RACISME ET A LA VIOLENCE. IL VIENT D'ETRE CONDAMNE A MORT.

LE SECRETAIRE DE LA G.V.F.A. (EX U.L.D.R.) SE RETIRE. APRES AVOIR ETE LE PATRON DYNAMIQUE DE LA K.P.U.D., PUIS DE LA S.N.N.C.P.R. (EX F.F.L.A.A.R.), IL S'EST OCCUPE SUCCESSIVEMENT DE LA S.O.F.I.L.E.M., DU C.R.A.S., DU G.P.T.F.F.K. ET CE, APRES SON DEPART DU Z.G.U.E.G., DU L.S.C.F.C.N., IL DECLARE : ''VOUS NE M'AUREZ PAS VIVANT''.

MEDECINE TOUJOURS, MAIS PLUS SOURIANTE CELLE-LA : UN BEBE QUI AVAIT UN LEGER PROBLEME DU COTE DE LA NOUILLE, A RECU LE SEXE D'UN HOMME DE 95 ANS. L'ENFANT SE PORTE BIEN ET CONTINUE A PISSER AU LIT.

17 GRIPPES, 5 ANGINES ET UNE TRENTAINE DE RHUMES, C'EST LE RESULTAT ENCOURAGEANT D'UNE OPERATION ''PORTES OUVERTES''.

CA COMMENCE COMME UN FAIT DIVERS ANODIN : BOURMI ET BOURMOI VONT AU MARCHE ET PUIS, LA OU CA SE GATE, C'EST QU'IL NE RESTE QUE 4 ASPERGES, 2 POIREAUX, 3 SALADES ET 1 OIGNON. BOURMI ACHETE LES 4 ASPERGES, LES 2 POIREAUX ET LES 3 SALADES. IL NE RESTE QU'UNE SOLUTION POUR BOURMOI : L'OIGNON.

UN HOMOSEXUEL A PORTE PLAINTE CONTRE UN TIRE-FESSES QUI LUI AURAIT FAIT DES AVANCES.

CHER, L'ANCIENNE CHANTEUSE ET NOUVELLE ACTRICE, S'EST FAIT REFAIRE LE NEZ, LE VISAGE, LE MENTON, TROIS FOIS LES SEINS, LES COTES, LE NOMBRIL, LES FESSES ET LES CUISSES. ON AIMERAIT LA VOIR FAIRE L'AMOUR AVEC MICHAEL JACKSON ET PRENDRE UNE PHOTO AU MOMENT OU LES DEUX ECLATENT AVEC DES FILS PARTOUT ET DES AGRAFES QUI VOLENT.

LES FEUILLES BLANCHES ''CANSON'' SPONSORISENT TOUS LES PROGRAMMES DES CANDIDATS A LA PRESIDENCE.

UN JEUNE CHOMEUR PAUVRE, ALCOOLIQUE VIENT D'ETRE RETROUVE COMPLETEMENT IMBIBE D'ALCOOL A 90°. IL AVAIT TENTE DE DESINFECTER SES HEMORROIDES PAR L'INTERIEUR.

MOLE, PETIT VILLAGE ITALIEN EST EN DEUIL. ON EST EN TRAIN D'EFFECTUER DES RECHERCHES DANS LE FLEUVE CAR L'AVION DU MAIRE DE MOLE S'EST ECRASE DANS LE PO. IL N'AVAIT PLUS DE PAPIER, CE QUI POSE UN PROBLEME POUR L'IDENTIFIER. ENFIN, MAIRE DE MOLE OU PAS, C'EST CHIANT.

DRAME DE L'ALCOOLISME

UN PERE DE FAMILLE AVEUGLE PAR L'ALCOOL ET LA JALOUSIE ABAT SA FEMME QUI VENAIT DE LUI DONNER DES JUMEAUX. LE MEURTRIER A DECLARE : ''Y'A 2 MOMES ET J'AI TIRE QU'UN COUP''.

AU PRINTEMPS, LUNETTES EN ECAILLES, FOUFOUNE EN BATAILLE...

L'HOMME LE PLUS FAINEANT DU MONDE QUI VOULAIT D'ABORD ETRE PHOTOGRAPHE AU JOURNAL ''LE MONDE'', PUIS SPEAKERINE A CANAL +, VIENT DE DECIDER FINALEMENT D'ETRE PILOTE A AIR INTER.

DANS SA SALLE DE BAINS, DANS SA CUISINE, DANS SON SALON, SA VOITURE, SES POCHES, UN HOMME RETROUVAIT SANS CESSE DES CROTTES DE CHAMEAU. ARRIVES SUR LES LIEUX, DES BERBERES TROUVERENT UN PAQUET DE CAMEL VIVANT.

A CAUSE D'UN MAUVAIS JEU DE MOTS, PAUL MC CARTNEY, L'ANCIEN BEATLES, S'EST MIS A PICOLER COMME UN TROU. LE MOTIF DE CE RETOURNEMENT SOUDAIN DE LA PERSONNALITE : LA LOURDEUR LEGENDAIRE DE SA FEMME, LINDA, LUI DISANT, A LONGUEUR DE JOURNEE : ''DO YOU WANT SOME WATER, PAULO?'' ELLE EST VRAIMENT CON.

SCANDALE DANS LE MONDE DES DEUX-ROUES : LES MOTOS JAPONAISES ONT DES MOTEURS BRIDES.

MARCEL PLIFIOU, GERANT DU CELEBRE BAR ''LE PETIT BEZEUR'' A BEZIERS, PAUL KLAPOUF, CRS, ET ROBERT DUBON, RESPONSABLE DE LA SECTION JUNIOR DU RUGBY CLUB LOCAL, FONT PARTIE DES 32 PERSONNALITES DU TOUT-BEZIERS QUI VIENNENT DE SIGNER UN MANIFESTE DE SOUTIEN A CLAUDE VITAL, L'EX-GENDARME, INCULPE POUR AVOIR ECOULE 500 KILOS DE DROGUE. ''QUE CELUI QUI N'A JAMAIS ECOULE 500 KILOS DE DROGUE, LUI JETTE LA PREMIERE PIERRE''. C'EST CE QUE DECLARE, ENTRE AUTRES, CE MANIFESTE QUI PARAITRA DEMAIN DANS LE JOURNAL ''L'EQUIPE''.

ESPACE

SALUONS L'EXPLOIT DE NOS SPATIONAUTES QUI VIENNENT DE REUSSIR A REPEINDRE UN VIEUX SATELLITE BLEU PERVENCHE EN OR BITE.

EN ISRAEL, LA MANIFESTATION ANTI-ARABE ORGANISEE PAR LE GRAND RABBINAT, A ETE RAPIDEMENT CIRCONSISE ET, SANS VIOLENCE ; LES FORCES DE L'ORDRE ONT ANNONCE QU'ELLES ALLAÏENT PROCEDER A UNE QUETE. LA PLACE S'EST VIDEE EN QUELQUES SECONDES.

LES CICATRICES N'ONT PAS TENU. FRANCE ROCHE A COULE.

LA JEUNE FILLE RETROUVEE NUE EN HAUT D'UN PIN, AU SOMMET DE LA DUNE DU PILAT, ENCORE SECOUEE DE SPASMES, UN LARGE SOURIRE DE JOUISSANCE BEATE AUX LEVRES, VENAIT DE SE BAIGNER DANS L'OCEAN. PROFITANT DE LA SOLITUDE DE L'ENDROIT, ELLE S'ETAIT ACCROUPIE DANS L'EAU AFIN D'Y FAIRE SON PETIT BESOIN. C'EST A CET INSTANT QUE LE POISSON-TORPILLE A CHARGE.

DRAME
UN PETOMANE SE MET LA TETE DANS LE CUL ET SE SUICIDE AU GAZ.

MALCHANCE
DRAME DE LA MALCHANCE : UN BOUCHER DECAPITE SA FEMME ACCIDENTELLEMENT ''NOUS ETIONS COUCHES, MA FEMME LISAIT, JE NETTOYAIS MON HACHOIR, LE COU EST PARTI TOUT SEUL''.

MIREILLE MATHIEU SE SUICIDE D'UNE BALLE DANS LA TETE. LA BALLE RICOCHE TOUJOURS...

ON VIENT D'ARRETER UN COUTURIER TERRORISTE ANGLAIS, ARME DE CISEAUX, ALORS QU'IL MENACAIT DE SE TAILLADER UN COSTUME DANS UN PRINCE DE GALLES.

ERRATUM
IL NE FALLAIT PAS LIRE : ''LA COCAINE DE BONJOUR TRISTESSE PRENAIT DE L'HEROINE'', MAIS BIEN ''L'HEROINE DE BONJOUR TRISTESSE'' PRENAIT DE LA COCAINE.

LE P.M.U. SUR LES DENTS
LES CHEVAUX DEMANDENT A AVOIR LEURS RAPPORTS DANS L'ORDRE.

SCANDALE FRONTALIER
2 PAYS LIMITROPHES SE TOUCHENT A LA DOUANE...

SI VOUS PESEZ PLUS DE 100 KILOS, VOUS AVEZ UN DROIT, CELUI DE FAIRE PARTIE DE LA CONFRERIE ''DES PLUS D'CENT''. PESANT, POUR SA PART, 140 KILOS, LE PRESIDENT A REUNI LES 50 MEMBRES QUE COMPTE LE CLUB, AU PREMIER ETAGE D'UN RESTAURANT CELEBRE DE VESOUL. D'AUTRE PART AU REZ-DE-CHAUSSEE, SE TENAIT LE DINER D'HONNEUR DES HOMMES LES PLUS GRANDS DE FRANCE. APRES L'EFFONDREMENT DU PLAFOND, UN NOUVEAU CERCLE EST NE, CELUI DES ''MOINS D'UN METRE 12 AYANT LES JAMBES DANS LES EPAULES''.

LE SEXE, C'EST BON. MAIS QUAND ON PENSE QU'ON PISSE AVEC, C'EST AUT'CHOSE...

VOULANT IMITER MADONNA, UNE CHANTEUSE BELGE A ETE HOSPITALISEE APRES SON GALA. EN EFFET, LORSQU'ELLE A JETE SA PETITE CULOTTE, ELLE ETAIT ENCORE DEDANS.

AU 34E CHAMPIONNAT DE FRANCE DE LABOUR, TOUS LES CONCURRENTS SONT ARRIVES EN RETARD. RAPPELONS QUE L'ANNEE DERNIERE, TOUTES LES CONCURRENTES S'ETAIENT RETROUVEES ENCEINTES.

LORS DU DERNIER TIRAGE DU LOTO, LE LOTO A DECLARE : ''J'AI ETE BIEN TIRE ET J'ATTENDS MARDI AVEC IMPATIENCE...''.

JOLI COUP
C'EST A L'AIDE D'UNE PEAU DE BANANE QUE LA POLICE AMERICAINE A REUSSI A FAIRE TOMBER LE CAID DE LA DROGUE. IL A DECLARE EN SE RELEVANT : ''AH, OUAIS, PUTAIN PAS CON LE COUP DE LA PEAU DE BANANE''.

CADO
MR ERIK HONECKER A OFFERT UNE LIONNE DE 4 ANS A SA VILLE NATALE DE NEUNKIRCHEN. LE MAIRE, IMMEDIATEMENT, LUI OFFRIT 2 ELEPHANTS POUR METTRE DANS SON JARDIN. LE NUMERO 1 EST-ALLEMAND RIPOSTE LE LENDEMAIN EN LUI ENVOYANT 24 HIPPOPOTAMES. SANS ATTENDRE, LES VILLAGEOIS RENVOYERENT 142 RATS DE COMBAT AINSI QU'UN TROUPEAU DE BUFFLES. REPONSE FULGURANTE VENANT DE L'EST : 225 GIRAFES ATTEINTES DE SURDITE, 1315 GORILLES PALMES, 117 TIGRES A ECAILLES ET 22 BALEINES VOLANTES ENVAHIRENT LE VILLAGE. AUX DERNIERES NOUVELLES, LE ZOO LE PLUS FOU DU MONDE SERA CONSTRUIT A LA PLACE DU MUR DE BERLIN...

INCENDIE AU BOIS DE BOULOGNE : LE BRESIL EST DECLARE PAYS SINISTRE.

SYLVESTER STALLONE A APPRIS QU'IL AIMAIT LA COUTURE, QUE SON SIGNE LE PREDISPOSAIT A AVOIR DES REGLES DOULOUREUSES ET QU'IL ETAIT CLITORIDIENNE. BIEN FAIT POUR LUI. LA PROCHAINE FOIS, AU LIEU DE FAIRE DES TESTS DANS ''COSMO'', IL CHOISIRA ''PLAY BOY''.

ON CONNAIT ENFIN LA RAISON POUR LAQUELLE, IL N'Y A PAS DE TOILETTES A LA CHANCELLERIE, EN R.F.A. C'EST PARCE QUE LE CHANCELIER KOHL CHIE QUE DANS LES PRES.

APRES UN REPAS PANTAGRUELIQUE, LA REINE ELISABETH A DECLARE : ''QUAND JE PENSE QUE TOUT CA, C'EST POUR LE TRONE...''.

SCANDALE DE L'HOMOSEXUALITE
CHAQUE JOUR DANS LE MONDE, DES CENTAINES DE PANTALONS SE FONT ENFILER...

EMOUVANT
UN CHIEN PARCOURT 800 KM POUR RETROUVER SON MAITRE. TOBY, UN LABRADOR DE 3 ANS, EST ARRIVE A PARIS APRES 3 SEMAINES D'UN TRAJET QUI LUI A FAIT TRAVERSER LA FRANCE. EPUISE, IL S'EST COUCHE SUR LE PAILLASSON FAMILIAL POUR ATTENDRE LE RETOUR DE SON MAITRE QUI ETAIT PARTI TRAVAILLER. ENTENDANT LE BRUIT FAMILIER DE LA VOITURE, TOBY S'EST RELEVE ET S'EST PRECIPITE EN ABOYANT SUR CELUI QUI L'AVAIT ABANDONNE 3 SEMAINES PLUS TOT. IL L'A MORDU A PLUSIEURS REPRISES AVANT DE PARTIR EN PAIX AVEC SA CONSCIENCE. BRAVO TOBY !

UN HOMOSEXUEL QUI PRATIQUAIT SUR SON PARTENAIRE UN CUNNILINGUS A ROTE UN PET...

L'HOMME QUI AVAIT 7 SEXES A TROUVE UN TRAVAIL QUI LUI RAPPORTE BEAUCOUP D'ARGENT EN SE FAISANT SCIER LES JAMBES. IL EST POULPE AU MUSEE DE LA MER...

MISE EN GARDE
UNE FEMME MARIEE GRIEVEMENT BLESSEE PAR UN HOMME QUI AVAIT JETE SON DEVOLU SUR ELLE. NOUS VOUS RAPPELONS QUE LE JET DE DEVOLU EST INTERDIT, SURTOUT SUR LES FEMMES MARIEES.

AIR INTER
LES PILOTES LANCENT UN PREAVIS DE TRAVAIL.

EN BREF, TOUJOURS
LE GOUVERNEMENT BELGE VIENT D'EDITER SA PLAQUETTE DEFINITIVE CONCERNANT L'EDUCATION SEXUELLE AVEC CETTE DERNIERE MISE AU POINT : CE N'EST PAS PARCE QUE VOUS FAITES L'AMOUR DEUX FOIS QUE VOUS ETES BISEXUEL.

LES DEUX MOTS APPRIS PAR LES PILOTES D'AIR INTER QUI SE VOIENT DESSERVIR LA PREMIERE LIGNE HORS DES FRONTIERES VERS L'ESPAGNE SONT : ''SURPRISAS'' ET ''GREVAS''.

97,3% DE ''CONTRE'', LORS DU SONDAGE NECROS-BVA QUI POSAIT LA QUESTION : ''ETES-VOUS POUR OU CONTRE LA MORT?''. DEVANT CETTE MAJORITE ECRASANTE, TOUS ESPERENT QUE LA MORT VA ENFIN TENIR COMPTE DE L'OPINION PUBLIQUE.

AUX ELECTIONS, TOUS CEUX QUI SE PRESENTENT ONT UN ŒIL, UN NEZ ET UN CUL. L'ENDROIT QU'ILS CHOISIRONT POUR Y METTRE LEUR DOIGT FERA LA DIFFERENCE.

Y'A LONGTEMPS QU'ELLE L'AVAIT DANS LA TETE, MIREILLE MATHIEU VIENT D'ETERNUER UN VELO.

STEPHANIE DE MONACO QUI ENREGISTRE EN CE MOMENT DANS UN STUDIO PARISIEN, EST DE PLUS EN PLUS ACCAPAREE PAR SON NOUVEAU METIER DE CHANTEUSE. ELLE DECLARE : ''J'AI UN PIED A PARIS ET UN AUTRE A MONACO''. ON PLAINT LES LYONNAIS.

EN FAISANT L'AMOUR PAR LE GROIN, L'HOMME QUI AVAIT DEUX BITES A ETOUFFE UNE TRUIE.

AFRIQUE DU SUD
C'EST UN NEGRE QUI AURAIT ECRIT LES MEMOIRES DE PETER BOTHA.

AVIATION
UN DES COFONDATEURS IRLANDAIS DE LA COMPAGNIE AER-LINGUS VIENT D'ETRE ACHETE. IL FAUDRA ATTENDRE SIX MOIS POUR QUE AER DISPARAISSE DU LOGO DE LA COMPAGNIE AU PROFIT DU NOUVEL ACTIONNAIRE ''CUNI''.

MEPRISE
C'EST OFFICIEL, L'HOMME QUI SE PREND POUR UNE CHAUSSURE, S'EST CIRE LES DENTS, CE MATIN, APRES S'ETRE ATTACHE LES CHEVEUX. AUX DERNIERES NOUVELLES, IL EST SOUS LE LIT AVEC SA FEMME : UN MAGNIFIQUE PAILLASSON EN POILS DE NOIX DE COCO.

DES CHEVEUX LONGS, UNE BARBE, UNE VESTE PAKISTANAISE, UN PANTALON ''PATTES D'ELEPHANT'', DU PATCHOULI, UNE GUITARE EN BOIS, DES SANDALES ET DES FLEURS, TELLE SERA LA PANOPLIE DES MILITAIRES D'ANGOULEME ET D'AILLEURS, AFIN QUE L'ON ARRETE DEFINITIVEMENT DE LES PRENDRE POUR DES SKINHEADS.

VOTRE T.V. FAIT BITE-COUILLE-CACA-PROUT? C'EST NORMAL, LES NULS SONT DE RETOUR.

MEFIEZ-VOUS DES HAMBURGERS
LES AMERICAINS DEVRAIENT SE MEFIER ET SURVEILLER UN PEU PLUS LEUR ALIMENTATION. HIER, UNE JEUNE MAMAN A DONNE NAISSANCE A DES SEXTUPLES SIAMOIS. RELIES LES UNS AUX AUTRES PAR UN CHEVEU SITUE A GAUCHE DU CRANE, LES ENFANTS FORMAIENT UNE RONDE. L'OPERATION S'AVERE DIFFICILE, D'AUTANT PLUS QUE LE CHIRURGIEN NE POSSEDE PAS DE C.A.P. DE COIFFURE.

LA MARCHE DES VERS
DANS LA PETITE VILLE D'ESSAOUIRA, AU MAROC, LA MOSQUEE EST RONGEE PAR DES VERS. ET DIEU NE FAIT RIEN ET PERD SON TEMPS. A ESSAOUIRA, ESSAOUIRA, LES ASTICOTS GRATTENT. ALLAH LANTERNE.

IL VENAIT DE LUI DIRE : ''LA JALOUSIE EST UNE PENSEE SUBJECTIVE''. ELLE LUI PLANTE UN COUTEAU DANS LE VENTRE EN LUI DISANT : ''T'AS QU'A FAIRE SEMBLANT DE MOURIR''.

UNE ENORME BOULE DE PAPIER DE DEUX METRES DE DIAMETRE ROULAIT DANS LES COULOIRS EN PARLANT. APRES DEUX HEURES D'EFFORTS, MONSIEUR JACQUES TOUBON A ETE LIBERE DE LA COLLE ET DU PAPIER, ALORS QU'IL LANCAIT LA CAMPAGNE D'AFFICHAGE.

CINEMA
APRES LE SUCCES DU FILM ''ON NE FAIT PAS D'OMELETTE SANS CASSER'', LES PRODUCTEURS EXPLOITENT LE FILON ET TOURNENT ''ON NE FAIT PAS D'OMELETTE SANS CASSER 2''.

LES RISQUES DU METIER
SON MENTON A SOUDAINEMENT QUITTE LA PAUME DE SA MAIN DROITE POSEE GRACE A UN COUDE ET SA TETE EST VENUE FRAPPER LOURDEMENT LE BUREAU. UNE FOIS DE PLUS, UN FONCTIONNAIRE S'EST TUE AU TRAVAIL.

MOT D'ESPRIT DE LIONEL JOSPIN QUI A DECLARE HIER AU CONGRES DES JEUNES SOCIALISTES ENTHOUSIASTES : ''LE BATEAU DE LA DROITE S'ECHOUERA, SI RAYMOND BARRE.'' IL A EU UN FRANC SUCCES. NE VOULANT PAS RESTER EN RESTE, JACQUES CHIRAC A RETORQUE, JE CITE : ''LE VAISSEAU DE LA GAUCHE COULERA, SI MICHEL RO... CARD''. IL A FAIT UN VRAI BIDE''.

UNE ENQUETE J.T.N. REVELE : LA POLICE FAIT DES RONDES LA NUIT POUR EVITER QUE LES ENFANTS NE SE MOQUENT D'ELLE LE JOUR.

SACRILEGE
L'INCENDIAIRE D'EGLISES AVAIT 11 ANS. LES POLICIERS ONT INTERPELLE AUJOURD'HUI CE JEUNE PYROMANE QUI AVAIT MIS LE FEU A LA MAISON DE DIEU. IL S'EST FAIT ENGUEULER, MAIS C'EST RIEN A COTE DE CE QU'IL VA PRENDRE APRES SA MORT.

VERSAILLES
UN MOUTON ERRANT S'EST ATTAQUE A UN VELO. NOUS VOUS RAPPELONS QUE LA CULTURE DU PAVOT EST INTERDITE EN FRANCE.

ET PUIS, C'EST UNE ESTIMATION, EN L'AN 2000, UN ARBRE PARISIEN SUR 5 SERA MORT DE VIEILLESSE. CE QUI FAIT, SI ON CALCULE BIEN, QUE DANS 12 ANS, UNE VOITURE SUR 5 POURRA SE GARER.

FRAPPE D'AMNESIE DANS LES TOILETTES, UN HOMME NE SE RAPPELAIT PLUS DE CE QU'IL AVAIT FAIT DE SON INDEX. C'EST APRES L'AVOIR SENTI QUE LES SOUVENIRS LUI SONT REVENUS.

INTERNATIONAL TOUJOURS
LE CUISINIER QUI REMPLACAIT LES CALMARS PAR DES ''TONGS'', LES POUSSES DE BAMBOU PAR DES BALAYETTES ET LE RIZ CANTONAIS PAR DE LA MOLESKINE HACHEE AVEC DE LA BOURRE DE COTON, VIENT D'ETRE ARRETE. C'EST UN HABITUE DU RESTAURANT QUI A PORTE PLAINTE APRES AVOIR CHIE UNE PAGODE.

PREVENTION ROUTIERE
NE BUVEZ PLUS AU VOLANT, BUVEZ A LA BOUTEILLE.

A LA SUITE D'UN ACCIDENT DE LA ROUTE, UN HOMME S'ETAIT FAIT GREFFER L'URETRE SUR LES GLANDES LACRYMALES. CE QUI LUI FIT DIRE UN JOUR A SA FEMME : ''CE N'EST PAS LA FUMEE DE TA CIGARETTE QUI ME FAIT PLEURER, MAIS LA BIERE QUI ME FAIT PISSER''.

A PART TED EMEUTE EN AFRIQUE DU SUD. A JOHANNESBURG, LE BILAN EST EVOCATEUR. HECATOMBES CHEZ LES NOIRS, MAIS ASSEZ PEU DE PERTES BLANCHES.

LOS ANGELES
LE COIFFEUR D'UN GANG LANCE LA MODE DU HOLSTER SUR DES CHEVEUX GOMINES ET SEPARES HARMONIEUSEMENT PAR LA FAMEUSE RAIE VOLVER.

VICTOIRE ATTENDUE DE PHILIPPE LEOTARD EN FINALE DE LA DESCENTE DE PINARD DANS LES COTES DU RHONE, DEVANT GAINSBOURG ET CARMET. L'ACTEUR REMPORTE AINSI SA TROISIEME COUPE ROSE.

IL CONFONDAIT ''TOURTE AUX CAILLES'' ET ''TARTE AUX COUILLES'', UN CUISINIER S'EST GRIEVEMENT BLESSE.

CHUCK NORRIS, ETERNEL ADVERSAIRE DE BRUCE LEE EN KARATE ET RIVAL DES PLUS GROS TAS DE MUSCLES DANS LES FILMS DE GUERRE, VIENT D'ECRIRE UN LIVRE. NON PAS SANS DIFFICULTES CAR IL A BROYE 200 STYLOS, ECRASE 6 TABLES ET PULVERISE 3 MACHINES A ECRIRE AVANT DE FINALEMENT GROGNER SON TEXTE AU DICTAPHONE.

SONDAGE
POUR FAIRE L'EUROPE, IL FAUDRA AUGMENTER NOS IMPOTS. A LA QUESTION ''ALORS, ON FAIT L'EUROPE OU ON SE FAIT ENCULER?'', 98% DES FRANCAIS REPONDENT : ''VOUS SAVEZ MOI, L'EUROPE...''.

CARNET ROUGE
UN SYMPATHIQUE COUPLE DE CHOMEURS ALCOOLIQUES ATTEND SON 8E ENFANT. LA FEMME DONNE NAISSANCE A UNE RAVISSANTE PETITE FILLE DE 1,3KG. LE MARI RAMENE 3 BOUTEILLES DE KIRAVI POUR FETER CA. LES BOUTEILLES NE FONT PAS LONG FEU, LA FEMME DEMANDE ALORS A SON MARI : ''COMMENT TU VEUX QU'ON L'APPELLE?'' LE MARI REPOND : ''AU COUTEAU'' ET C'EST LE DRAME...

UN TRAFIQUANT QUI UTILISAIT LA TECHNIQUE DES SUPPOSITOIRES FARCIS A LA COCAINE, A DROGUE SON SLIP.

FAUT PAS DECOLLER
PREAVIS DE GREVE A AIR INTER POUR DEMAIN. LES PILOTES DEMANDENT A BOIRE LEUR BEAUJOLAIS NOUVEAU AVANT LES VOLS ET NON PAS EN TERRASSE, MAIS SUR LE ZINC.

COT, COT, COT
CETTE COCASSE MESAVENTURE SE PASSE DANS UNE FERME DU POITOU, CHEZ UN COUPLE DE PAYSANS DEMEURES, FORT SYMPATHIQUES AU DEMEURANT. LA FEMME DEMANDE A SON MARI : ''ETEND TES PULL-OVERS''. LE MALHEUREUX COMPREND MAL ET TEINT SES POULES EN VERT.

SADISME
QUAND LES BEBES PLEURENT, LES NURSES RIENT.

UN DOIGT DANS LE MUR
''ALLO, J'AI UN CUL DANS MON MUR ET LA FEMME DOIT ETRE MORTE, PUISQUE CELA FAIT 2 HEURES QU'ELLE BOUGE PAS''. TEL ETAIT LE CURIEUX APPEL RECU PAR DES POMPIERS. ARRIVES SUR LES LIEUX, LES SOLDATS DU FEU CONSTATERENT QUE LE PLAIGNANT SE TROUVAIT CHEZ SON VOISIN, UN PEINTRE HYPERREALISTE.

LE CUISINIER BOCUSE DETIENDRAIT 18 LEGUMES EN POTAGE.

UN FRANCAIS BLESSE PAR SON PETIT CAMARADE QUI LUI AVAIT LANCE UN GLAND A LA TETE, ALORS QU'IL SE RENDAIT A L'ECOLE, EST MORT A 95 ANS DES SUITES DE CETTE BLESSURE.

BELLE PRISE
CE MATIN, A MIAMI, LE SHERIF JOHN DEVAN A FAIT UNE PRISE RECORD DE COCAINE : 1 GRAMME DANS CHAQUE NARINE.

UN CINQUANTENAIRE IMPUISSANT VIENT DE PORTER PLAINTE CONTRE SON CHIRURGIEN ESTHETIQUE APRES AVOIR EU UNE ERECTION AVEC SON NEZ...

ALCOOLISME
LES BARS MITZVAH INTERDITS AUX JUIFS DE MOINS DE 13 ANS.

ASSURANCE-CHOMAGE :
POUR ETRE SUR DE NE JAMAIS RETROUVER DE BOULOT.

EDITION
VICTIME D'UN STUPIDE ACCIDENT DE LA ROUTE, L'HOMME LE PLUS VIEUX DU MONDE VIENT DE MOURIR A L'AGE DE 28 ANS. RAPPELONS QU'IL AURAIT DU AVOIR 143 ANS EN L'AN 2131.

DE GREFFE
LE RECEVEUR DES POUMONS, DU CŒUR, DU FOIE, DE LA VESSIE, DE L'OREILLE DROITE ET DE L'ORTEIL GAUCHE SE PORTE BIEN. PAR CONTRE, SON GENEREUX DONATEUR EST AU PLUS MAL.

UN HOMME BLANC TACHE DE SANG A DECLARE : ''JE NE SUIS PAS CHIRURGIEN, JE VIENS JUSTE D'OUVRIR PARIS MATCH...''.

HIPPISME
YVES ST-MARTIN A DECLARE AUJOURD'HUI : ''J'AIME PARLER A MON CHEVAL AVANT DE LE MONTER''. A QUOI LE CHEVAL A REPONDU : ''NON, PAS CE SOIR, J'AI MAL A LA TETE''.

FILM X
DANS UN INSTITUT DE BRONZAGE, UNE FEMME SE FAIT ULTRA-VIOLER.

JEAN-MARIE LE PEN NIE TOUJOURS L'EXISTENCE DE L'E.D.F.-G.D.F.

REMOUILLE-MOI LA COMPRESSE
4 BLESSES GRAVES DANS UN BAR DE BAYONNE. EN EFFET, A MIDI, 4 MEMBRES DE L'ASSOCIATION ''LES RIGOLOS SANS BORNE'' QUI SE TROUVAIENT DANS LA CAPITALE DU JAMBON, S'ATTAQUAIENT A UNE PREMIERE MONDIALE : TRAITER LES 15 JOUEURS D'UNE EQUIPE DE RUGBY DE ''GROS PEDES''... ILS ONT ECHOUE.

UN ANCIEN MARIN-CHARCUTIER-IVRE-MORT TENTE DE FAIRE DU JAMBON AVEC LE PORT D'HONFLEUR.

DROIT A LA DIFFERENCE
QUAND UN MANCHOT FAIT UNE BONNE AFFAIRE, IL SE FROTTE LES PIEDS.

TIERCE : A L'ARRIVEE LES CHEVAUX ETAIENT TOUS EMMELES, SAUF LE FAVORI QUI S'EST FAIT COIFFER AU POTEAU.

GADGET
UN POSTER GRANDEUR NATURE DE PHILIPPE GILDAS, CE MOIS-CI DANS ''PIF POCHE''.

DRAME WALLON
SUITE A UNE COUPURE DE COURANT DANS UN SUPERMARCHE, DES CENTAINES DE CLIENTS SONT RESTES BLOQUES 4 HEURES SUR UN ESCALATOR.

SANTE
UN HOMOSEXUEL ASTHMATIQUE VIENT DE DECOUVRIR LE PLAISIR EN SE COUCHANT SOUS UNE TENTE A OXYGENE.

THE END
POUR MOURIR EN PRISON DE FACON DIGNE, LES POMPES FUNEBRES VIENNENT DE CREER LES MAISONS D'ARRET DECES.

REVELATION
PINOCCHIO VIVRAIT A PANTIN.

LES PROSTITUEES SONT TOUJOURS LES PLUS MAL BAISEES.

ILS AVAIENT UN BRAS DANS LE VENTRE ET UN BRAS DANS LE DOS, ILS N'AVAIENT QU'UNE NARINE AU NEZ QUI LEUR SERVAIT D'OREILLE DROITE. ILS AVAIENT UN COU TRES FIN ET UNE JAMBE PLUS COURTE QUE L'AUTRE, UNE SUR LE SEXE ET UNE DANS L'ANUS. LES EGYPTIENS N'ETAIENT PAS DESSINES DE PROFIL MAIS BIEN DE FACE.

DANS LE DESERT AU NORD DU TCHAD, DES SOLDATS LIBYENS ONT CRU VOIR UN AVION FRANCAIS. ILS TIRENT DANS LE SABLE. C'ETAIT UN MIRAGE.

LES PRIX DES MEDICAMENTS VONT CHANGER DEMAIN SAMEDI. EX. : LE DOLIPRANE, LE MEDICAMENT LE PLUS VENDU, PASSE DE 10,40F A 11,20F. EN REVANCHE, LE CUSTOGLAS UTILISE PAR LES POILUS GAUCHERS CONTRE LA PESTE ROUGE DES INDIENS JIVAROS PASSE DE 12,15F A 12,05F.

LES SEX-SHOPS FONT FORTUNE EN VENDANT AUX JEUNES FILLES LA FAMEUSE PINE-HOCHET.

''C'EST NOUS LES GARS DE LA MARINE...''. UNE FEMME A ENTENDU SON HAMSTER FEMELLE CHANTER CETTE CELEBRE CHANSON DANS SA PETITE CAGE. ETONNEE, ELLE A SORTI UN CANIF ET EVENTRE L'ANIMAL POUR VOIR SI PAR HASARD, ELLE N'AVAIT PAS AVALE UN MAGNETO. EH NON... CETTE JEUNE FEMME IGNORAIT QUE DANS LES CORPS DES HAMSTERS DAMES, Y'A DES MARINS QUI CHANTENT.

L'HOMME LE PLUS MALCHANCEUX DU MONDE A TOUCHE LE FOND MAIS DANS LE DESORDRE.

AUJOURD'HUI SUR L'AUTOROUTE DE NORMANDIE. LA GENDARMERIE AVAIT MIS EN PLACE DES RADARS BEAUCOUP TROP PUISSANTS ET ARRETE TROIS AVIONS, UN SOUS-MARIN, UN BATEAU DE PECHE ET UNE PARTIE DES COTES ANGLAISES.

CHIRAC BAT BARRE.

SONDAGE
IL PARAIT QUE LA FRANCE SE REDRESSE. JE VAIS EN PARLER A MA BITE.

UN AUTOMOBILISTE PERDANT LE CONTROLE DE SA VOITURE, TUE UN AUTO-STOPPEUR EN CROYANT PERCUTER UNE BORNE KILOMETRIQUE. LA VICTIME PORTAIT UN BOB ROUGE ET UN T-SHIRT BLANC MARQUE ''DIJON-8 KM''.

M.S.T.
LASSE DE VOIR SON BATEAU SE COUVRIR DE PUSTULES AU CONTACT DES MOULES, UN MARIN-CHERCHEUR VIENT DE METTRE AU POINT UN VACCIN CONTRE LES MONOCOQUES.

FAIT DIVERS TRAGIQUE
DES CAMBRIOLEURS SE SONT INTRODUITS PAR EFFRACTION DANS JOSIANE POIREAU. ILS L'ONT ESCALADEE PAR LA FACE OUEST, PUIS APRES ETRE PASSES SUR LE BALCONNET, ILS ONT CASSE LES VOLANTS POUR ENTRER. ILS SONT REPARTIS AVEC UNE BLENNO, QUELQUES MORPIONS ET UNE SOMME DE 1200F.

DANSE
PATRICK DUPONT VIENT DE REMPORTER LE CHAMPIONNAT DU MONDE DE SAUT EN LARGEUR.

HOLIDAY ON ICE
''HOLIDAY ON ICE'' ETAIT TROP ECLAIRE. LA GLACE A FONDU. DES MILLIERS D'ENFANTS ONT ASSISTE, IMPUISSANTS, AU SPECTACLE NAVRANT DE SNOOPY ET MICKEY NAGEANT DANS LA PISTACHE ET LE CHOCOLAT.

VIVACITE D'ESPRIT
LE SUISSE QUI S'ETAIT TIRE UNE BALLE DANS LA TETE IL Y A 4 ANS, EST MORT AUJOURD'HUI.

CRISE DU PRET-A-PORTER
8 000 CHEMISES DEFILENT AUX CRIS DE ''NON A LA CRAVATE, OUI A LES COLS LIBRES''.

NOUS RAPPELONS QUE DANS LE MIDI, CERTAINS FRUITS SONT INTERDITS A LA VENTE. NOTAMMENT LES MURS, QUI SONT PLEINS DE PIERRES ET LES BAIES QUI SONT PLEINES DE VITRES.

REVELATION
LA CICCIOLONA SIGNE TOUS SES AUTOGRAPHES AVEC UN STYLO-BITE.

JUSTICE
LE COMMISSAIRE DE MARSEILLE S'INSURGE ET MET LES PIEDS DANS LE PLAT. ''LOIN D'UNE BAVURE, C'EST NOTRE POLICIER QUI EST VICTIME D'UNE INSUPPORTABLE INJUSTICE. EN EFFET, LE JEUNE HOMME ABATTU DANS LE PARKING N'ETAIT QU'UN VOLEUR DE MUNITIONS QUI SAVAIT PARFAITEMENT CE QU'IL FAISAIT. LA PREUVE : IL A DELIBEREMENT ATTENDU QUE LE POLICIER TIRE POUR LUI VOLER SON PROJECTILE. NON SEULEMENT IL A PRIS LA BALLE DANS LA TETE, MAIS EN PLUS, IL L'A IMMEDIATEMENT CACHEE DANS SON CERVEAU. ENSUITE, IL A ENTRAVE LA MARCHE DE LA JUSTICE EN SE TAISANT OBSTINEMENT, ALLANT JUSQU'A SIMULER UN MALAISE. ET CE N'EST QU'APRES L'AVOIR FOUILLE MINUTIEUSEMENT QUE NOUS AVONS ENFIN PU FOURNIR LA PREUVE DU VOL''. INTERROGE SANS RELACHE DANS SON TIROIR DE L'INSTITUT MEDICO-LEGAL. LE VOLEUR N'A TOUJOURS PAS AVOUE.

MONTEREY
BERNARDO A EU UN ZORRO DE CONDUITE.

EN BREF TOUJOURS
C'EST LE VATICAN QUI LE DIT, UN PRETRE QUI FAIT L'AMOUR DOIT ETRE DEFROQUE, MAIS LA FEMME PEUT GARDER SES COLLANTS.

RECONVERSION
UN BUCHERON ATHEE DEVIENT PLIEUR DE TRONCS.

PMU
YVES ST-MARTIN DIVORCE : FAISANT CROIRE A UN REGIME BASSES CALORIES, SA FEMME EN PROFITAIT POUR SE TAPER UN JOCKEY TOUS LES MATINS.

BOURSE
TENDANCES : LES GROUPES FRANCAIS A LA HAUSSE... MC CARTNEY A LA BASSE.

TANT QUE LA CAISSIERE DE LA BANQUE DISAIT A SON COLLEGUE : ''CREDITE'', TOUT ALLAIT BIEN. C'EST QUAND ELLE A DIT ''DEBITE'' QU'ELLE S'EST FAIT VIOLER.

MA CABANE AU CANADA
REINE DU MUSIC-HALL ET DE LA VARIETE, LINE RENAUD ARRETE LES REVUES : ELLE LIRA ESSENTIELLEMENT LA PRESSE QUOTIDIENNE REGIONALE.

TETE DE TURC 3
ALORS QUE GUY BEART ANNONCE UNE TOURNEE EN U.R.S.S., ON N'ENREGISTRE AUCUNE REACTION A MOSCOU, OU ON EST HABITUE A SOUFFRIR DANS LE CALME ET LA DIGNITE.

ON CROIT REVER
IL SE DONNE UN COUP DE TOURNEVIS DANS LE VENTRE, S'ARRACHE DEUX DENTS AVEC UNE PINCE, SE COUPE DEUX DOIGTS AVEC UNE LAME, SE SEPARE UNE JAMBE GRACE A LA SCIE, S'OUVRE LA LEVRE AVEC UN DECAPSULEUR, S'ARRACHE UNE PAUPIERE AVEC L'OUVRE-BOITES, SE LIME UN COUDE ET S'EXTIRPE UN TYMPAN AVEC UN TIRE-BOUCHON. UN HOMME A UTILISE A FOND TOUTES LES POSSIBILITES DE SON COUTEAU SUISSE.

LES ANALYSES ONT REVELE QUE LES PELLICULES DES CHEVEUX DE L'HOMME A LA TETE DE NŒUD, N'ETAIENT AUTRES QUE DU SPERME SECHE...

L'HOMME QUI AVAIT LES ONGLES LES PLUS LONGS DU MONDE VIENT DE S'ARRACHER LE CERVEAU EN SE METTANT UN DOIGT DANS LE CUL...

YOUPI ! HURRAH !
QUAND UN EUNUQUE FAIT DE BONNES AFFAIRES, IL DIT QU'IL SE FAIT DES ''EX'' EN OR...

MAUVAIS TIRAGE
EN DEMI-FINALE DE COUPE D'EUROPE, LE W.C. DE MARSEILLE SE FERA-T-IL NETTOYER PAR L'AJAX D'AMSTERDAM? REPONSE EN AVRIL, ET... AUX CHIOTTES, L'ARBITRE?

LA CINQ
HERSANT A FAIT CONSTRUIRE UN MUR POUR SE LAMENTER.

SHOWBIZ TOUJOURS
SYLVIE VARTAN VIENT D'ECRIRE UN LIVRE. ON ESPERE QU'ELLE ARRIVERA A ECRIRE : ''UN BATEAU''.

CASINO SCANDALE
UN CROUPIER INDELICAT VENDAIT LES IMPAIRS ET FAISAIT PAYER LES PASSES.

PROSTITUTION
''CE N'ETAIT PLUS QUE DES BOUTS D'ECORCES DE BOIS, DES BRINDILLES A MOITIE POURRIES PAR LES INTEMPERIES'' ONT DECLARE LES GENDARMES, VENUS LIBERER 3 PAUVRES LATTES ENTASSEES ET ATTACHEES DANS LE FOND D'UN PLACARD DE TANGER PAR UN MENUISIER PROXENETE SPECIALISTE DE LA TRAITE DES PLANCHES.

VOUS ALLEZ RIRE
IL ETAIT BLANC, AVEC UN PEU DE GRIS, SANS AUTOCOLLANT, SANS FILLE NUE, SANS SAPIN DE NOEL DANS LA CABINE : LES ROUTIERS ONT DECLARE QU'ILS N'AVAIENT JAMAIS VU UN CAMION SI TERNE.

PORTUGAISES ENSABLEES
LE DOUANIER QUI PARLAIT GENTIMENT A UN CARGO DEPUIS 3 JOURS A ETE SAUVE DE LA DESHYDRATATION PAR SES COLLEGUES. IL AVAIT CONFONDU RAISONNER ET ARRAISONNER.

EN RAISON DE SA CLIENTELE COMPOSEE PRINCIPALEMENT DE POLITICIENS A LA LANGUE DE BOIS, UNE PROSTITUEE ARRETE LE METIER, DES ECHARDES PLEIN LA FOUFOUNE...

DELIT DE SALE GUEULE
2 PARAS, A CASTRES DANS LE TARN, S'EN PRENNENT A UN IMMIGRE, ZOUMALI KHARFI QU'ILS TUENT PARCE QUE, DECLARENT-ILS : ''IL AVAIT UNE SALE GUEULE''. DANS L'ETAT ACTUEL DE ZOUMALI, ON NE PEUT SAVOIR S'IL AVAIT REELLEMENT UNE SALE GUEULE... MAIS D'ICI QUELQUES HEURES, LES EXPERTS DEVRAIENT AVOIR FINI DE REMODELER ET REFORMER SON VISAGE, AFIN DE SAVOIR SI, OUI OU NON, IL AVAIT UNE SALE GUEULE. EN ATTENDANT LE RESULTAT DE CETTE ENQUETE, LES 2 PARAS ONT ETE PLACES EN GARDE A VUE.

APRES DES ANNEES DE RECHERCHE, LE PROFESSEUR VAN DER FRAIS EST EN MESURE D'AFFIRMER QUE LA DIFFERENCE ENTRE UN THERMOMETRE BUCCAL ET UN THERMOMETRE ANAL, C'EST LE GOUT.

DELIT DE SALE GUEULE
ON VIENT DE L'APPRENDRE PAR CETTE DEPECHE, LES EXPERTS VIENNENT DE RECONSTITUER LE VISAGE DE ZOUMALI KHARFI. IL AVAIT EFFECTIVEMENT UNE SALE GUEULE. LES 2 PARAS ONT ETE RELAXES.

EN BREF, LES BRESILIENNES DU BOIS DE BOULOGNE TRES AFFECTEES PAR LA NOUVELLE MESURE DES MINISTRES DE L'AGRICULTURE DES 12, MESURE INTERDISANT LA VIANDE AUX HORMONES.

LIBRE EXPRESSION
AYANT CONSTATE QUE LE TEMPS DE PASSAGE A L'ANTENNE D'UN OTAGE DU LIBAN, ETAIT SUPERIEUR AU SIEN, LE LEADER DU FRONT NATIONAL A DECIDE DE PASSER TOUS SES WEEK-ENDS A BEYROUTH, DEGUISE EN INTELLECTUEL DE GAUCHE.

UN SEPTUAGENAIRE ONANISTE RESTE COINCE 10 JOURS DANS SON LIT PLIANT.

A LA SORTIE DE SON DERNIER CONCERT A MULHOUSE, GUY BEART, DEPRIME, A DECLARE : ''FINALEMENT, EN 30 ANS DE CARRIERE, JE N'AI EU QU'UN SEUL RAPPEL : LE B.C.G.''

TIERCE
HIER A VINCENNES, TOUS LES CHEVAUX SONT PARTIS, ON NE LES A TOUJOURS PAS RETROUVES.

BABYLONE, TU DECONNES
TROP HABITUE A PASSER DU HASH DANS SON SLIP, UN RASTA EN MANQUE FUME SES POILS...

RETOUR DE VACANCES : LES SURVIVANTS RACONTENT.

OUTRE-MONDE
L'ATTENTAT A LA REINCARNATION QUI A EU LIEU SAMEDI, DANS LE CIMETIERE DE SALEM, A FAIT PLUS DE 300 VIVANTS, DONT 7 GRIEVEMENT.

AIR INTER FAIT DES PETITS, PUISQU'ON VIENT D'APPRENDRE QUE LES PILOTES GRECS SE METTENT EN GREVE AFIN DE RESTER A DEUX SUR LE MEME SIEGE.

UN NOUVEAU RECORD A ETE ETABLI DANS LES TOILETTES DU RESTAURANT ''LE BEAUBOURGEOIS'', LORS D'UNE MANŒUVRE AMOUREUSE QUI DEPASSE L'ENTENDEMENT, LE PRESERVATIF D'UN HOMOSEXUEL S'EST RETOURNE DANS L'ANUS DE SON PARTENAIRE QUI A AINSI REUSSI A FABRIQUER 70 CM DE BOUDIN.

IL NE LUI DEMANDAIT QU'UN PEU D'ARGENT... UN PASSANT EXCEDE SORT SON PORTE-MONNAIE ET TIRE. LE MENDIANT S'ECROULE, DEUX BALLES DANS LA MAIN.

EN BREF
EN VOYANT FRANCOIS MITTERRAND REMETTRE L'ORDRE NATIONAL DU MERITE A CHARLES TRENET, PASCAL SEVRAN A ESSUYE DISCRETEMENT UNE LARME QUI COULAIT SOUS SA VOILETTE.

JUSTICE
UNE SAGE-FEMME MALADROITE A ETE CONDAMNEE A 20 ANS DE TRAVAUX FORCEPS.

FARCES ET ATTRAPES
AVEC UN FAUX PRESERVATIF GENIAL ! RIRES A GOGO ! GRINCHEUX S'ABSTENIR, TROUE AU BOUT COMME UN VERRE BAVEUR : LE PRESERVATROU AMUSERA LES PETITES ET LES GRANDES. AVEC PRESERVATROU : 1 COUP POUR RIRE. 9 MOIS DE DELIRE !

POESIE
IL ETAIT TOUJOURS EN RETARD. UNE PENDULE JALOUSE TUE UN REVEIL DE 12 COUPS DE MINUIT EN PLEIN TIC-TAC.

REVELATION
MATIN ET SOIR, PLUSIEURS MILLIONS DE RIDEAUX SE FERAIENT TRINGLER.

OUT
JEANNIE LONGO DISQUALIFIEE. DECIDEMENT, DANS LE MILIEU DE LA PEDALE, ON AIME VRAIMENT PAS LES GONZESSES.

GREVE DU 3ᴱ AGE
POUR PROTESTER CONTRE LE TEMPS QUI PASSE, DEUX VIEILLARDS JEUNENT.

SHOWBIZ
HENRI TACHAN REVIENT APRES 3 ANS DE SILENCE... PUTAIN, CA PASSE VITE !

PIN-UP, PINE-DOWN
DANIELE GILBERT NUE DANS ''LUI'' : 60% DES FRANCAIS DECOUVRENT QU'ELLE A DES SEINS. 30% DECOUVRENT QUE C'EST UNE FEMME. 10% RESTENT SANS OPINION... ET PUIS, J'APPRENDS A L'INSTANT QUE C'EST QUAND ELLE S'EST FAIT RETOUCHER LES PHOTOS, QUE DANIELE GILBERT A JOUI POUR LA PREMIERE FOIS.

GARDE A VUE
LES MYOPES QUI REFUSERONT DE PORTER DES LUNETTES SERONT INTERNES DANS UN ASILE DE FLOU.

10% EN MOINS DE MORTS SUR LES ROUTES... OU SONT-ILS PASSES ?

LES BEAUX JOURS REVIENNENT...

L'HOMME ETAIT AUX TOILETTES QUAND SON POSTE DE TELE A IMPLOSE ALORS QU'IL TENTAIT DE SE TORCHER AVEC LE JOURNAL DE PPDA.

EN BREF
SON PORTE-JARRETELLES ETAIT TROP COURT, LA CICCIOLINA EST ARRIVEE AVEC UN GENOU DANS L'ŒIL.

JAMAIS VU
UNE COUTURIERE S'ENGUEULE AVEC SON PATRON ET LE DECHIRE.

UN JEUNE AMERICAIN DE 10 ANS A BATTU UN RECORD EN DEVORANT EN 3 MINUTES PLUS DE 3 KG DE PRUNEAUX, IL A BATTU UN SECOND RECORD EN REPEIGNANT SES TOILETTES EN MOINS DE 40 SECONDES.

TETE DE TURC
ON A VOLE LA GUITARE DE GUY BEART HIER SOIR, A LA FIN DU CONCERT QU'IL DONNAIT A LA M.J.C. DE JEAN BOIN. UNE FORTE RECOMPENSE EST OFFERTE A TOUTE PERSONNE N'AYANT AUCUNE INFORMATION A APPORTER A CETTE AFFAIRE.

GRACE A LA POLLUTION DE L'EAU PAR DU MERCURE, LES HABITANTS DE SEINE-ET-MARNE VONT POUVOIR PRENDRE LEUR TEMPERATURE EN SE METTANT DIRECTEMENT LEUR ROBINET DANS LE CUL.

LE GRAND BLEU
LUC BESSON BOUFFE UNE HUITRE ET LACHE UNE PERLE.

LA FEMME QUI CRACHAIT DES PETITES BOULES SECHES ET NOIRES, TOUS LES MATINS, PAR LA BOUCHE, VIENT D'APPRENDRE AVEC STUPEFACTION QU'EN FAIT, ELLE AVAIT UN BEC DE LIEVRE VIVANT.

DRAME DE L'AUTO-DEFENSE
SOMNAMBULE, MONSIEUR JACQUES BRANCOURT SE LEVE AU MILIEU DE LA NUIT, SE PREND POUR UN VOLEUR ET S'ABAT D'UN COUP DE FUSIL. ET PUIS, ACCIDENT STUPIDE, UN VENTRILOQUE S'ETRANGLE EN SE SERRANT LA CEINTURE.

LES JEUNES GENS QUI VOLAIENT DES CAMIONS POUR S'ENTRAINER AU DAKAR, ONT ETE ARRETES JUSTE AVANT QU'ILS NE METTENT DES AFRICAINS SUR LEUR ROUTE POUR ETRE VRAIMENT AU POINT.

SPECTACLES
HUGUES AUFFRAY A ETE VIOLE PAR 15 HOMMES DANS UN CLUB GAY, A PARIS, DANS LE 7E ARRONDISSEMENT. IGNORANT TOUT DE L'ENDROIT, IL A SORTI SA GUITARE AU MILIEU DE LA SOIREE POUR ENTONNER ''SANTIANO''. LES 15 VIOLEURS ONT TOUS DECLARE AVOIR COMPRIS : ''DEBOUT LES GARS, REVEILLEZ-VOUS, IL VA FALLOIR M'EN METTRE UN COUP''.

VOUS ETES PETITS, RONDOUILLARDS, PLUTOT MOUS ET POILUS...
L'A.N.P.E. VOUS PROPOSE DE DEVENIR COUILLE AU PAIR.

LES JOURNALISTES DU R.E.P.U. EN GREVE : ILS DEMANDENT D'ECHANGER LEURS VIEILLES FIAT 500 CONTRE DES RENAULT ESPACE POUR QU'ON PUISSE Y ECRIRE : ''BLICAIN LORRAIN''.

C'EST UNE GREVE D'ORGANES QUI S'EST DECLENCHEE SANS PREAVIS CHEZ UN PATIENT D'UNE CLINIQUE PRIVEE. LES MUSCLES ONT CESSE LE TRAVAIL ET L'HOMME S'EST ECROULE COMME UNE MERDE. LA FIN DU CONFLIT S'EST TERMINE PAR UN ARRET DU CŒUR.

LES AUTORITES PUBLIQUES PENSENT REPOUSSER LES VACANCES DE JUILLET-AOUT A SEPTEMBRE-OCTOBRE, D'ABORD PARCE QU'IL FAIT MOINS CHAUD, QU'IL Y A MOINS DE MONDE ET QU'EN PLUS, LES VOITURES SE JETANT SUR LES ARBRES, CONTRIBUERAIENT A DES RECOLTES FACILES DE FRUITS ET A LA CHUTE DES FEUILLES MORTES.

CROYANT SUCER UN BONBON MENTHE-REGLISSE, UN DOMPTEUR MYOPE S'ETOUFFE AVEC UN PINGOUIN.

# LA RUE LEPIC

paroles de
JEAN MEYRAND

musique de
JEAN MEYRAND

# JEAN MEYRAND

disque Lou Patchol

LES NOUVELLES EDITIONS ARTISAN
AU SERVICE DE LA CHANSON FRANÇAISE
5, PLACE DE LA BUANDERIE, MONTAUBAN

# “ La rue Lepic ”

*Paroles et musique : Jean Meyrand*

Mais Paris n'est pas – Santiago du Chili
Vous n'arriverez pas – à bâillonner – la liberté du Peuple
Je me sou – viens Je me sou –
– viens La rue Le – pic
CODA
– Jeannette
Au revoir Jeannette – on bou – ffait du riz can – ton – nais
et puis soudain ils ont char – gé !

ZORRRO
UNE VEUVE ET UN ORPHELIN SONT TOUJOURS SOUS LE JOUG DU COMMANDANT MONASTARIO. DON DIEGO DE LA VEGA, APRÈS S'ÊTRE CHANGÉ EN ZORRRO, S'APPRÊTE A LES LIBERER. VISIBLEMENT, SON FIDÈLE BERNARDO VEUT LUI DIRE QUELQUE CHOSE.
DANS L'HACIENDA, LE MUET FIDÈLE SERVITEUR BERNARDO, ENTAME SON EXPLICATION.
QUOI ?! UN SERVEUR DANS UN RESTAURANT ?..
LINE RENAUD EN MENEUSE DE REVUE ?..
UNE TATA CIRCONCISE ??. NON ?.. TA ?... TOUT SIMPLEMENT...
OUI ? BON. APRÈS ?..
PLAC

*LA SEMAINE PROCHAINE : LE SECRET DE BERNARDO*

# SOLUTION DES JEUX

## LES NULS • Amis des vedettes

*Solutions de la page 63*

1/ Dominique et ses amis : Guy et Emmanuelle Béart.
2/ Les Nuls et leur ami Jango Edwards.
3/ Les Nuls témoins de leur amie Gloria Lasso et du bel Alexis.
4/ Bruno et ses amis les Mourousi.
5/ Les Nuls et leurs amis les deux G : Gotlib & Gildas.
6/ Chantal et son ami Gérard Jugnot.
7/ Alain dirigeant son ami Dolph Lundgren.
8/ Chantal et Alain conseillant leur ami Luc Besson.
9/ Alain dirigeant son ami James Cameron.
10/ Les Nuls et leur ami Michel Denisot, photographiés par des Japonais de leurs amis.
11/ Alain et son ami Jack Lang.

## LES NULS • Ambiance tournage

*Solutions de la page 72*

1/ L'envers du décor du péplum. Un trucage époustouflant !
2/ Le JTN en direct de Cannes.
3/ 1re année de "Nulle Part Ailleurs" : La Dernière. Amuse-toi à retrouver Christian Borde et Alexandre Pesle, en sachant que c'est Arnold Boiseau qui a pris la photo.
4/ Au maquillage d'Objectif Nul. Véra, maquilleuse. Gilles Daude, réalisateur.
5/ Objectif Nul "Le voyage dans le temps". Un tournage qui n'engendre pas la mélancolie !
6/ Sketch "ça raye les cailles". Photo que Bruno a choisie de montrer à Louis Malle pour le personnage de Grimaldi dans "Milou en mai".
7/ Chantal en pleine concentration pour mieux interpréter le personnage d'une gourdasse.
8/ Les Super Héros dans les couloirs de Canal +.
9/ Sur le tournage de "Platoon".
10/ "Super-tampon", un sketch jamais diffusé.

## LES NULS • Photos intimes

*Solutions de la page 94*

1/ Shirley Harvey et Marie-Pierre Faure, les assistantes des Nuls, déguisées en Bazounga !
2/ Avec Alexandre Pesle, dans l'arrière-pays cannois.
3/ Un membre de l'équipe.
4/ Séance d'écriture à Avoriaz.
5/ Les Nuls et leurs enfants.
6/ 3 h du matin. Fin d'écriture d'un épisode d'"Objectif Nul".
7/ Une photo qu'on aime bien.
8/ Dominique. Il ne buvait pas encore.
9/ A Avoriaz.
10/ Pause-café "Luigi Cazzava".
11/ Pause-câlin.
12/ Bourrés, à Cannes, au Martinez.

## Trivias • Objectif Nul

*Solution de la page 8*

– Antoine 2 clones
– Voir le classique La Rousse
– 51 (1 épisode "La police de l'Espace" n'a pas été diffusé)
– Car c'est Gaëtan Liberatore qui en a dessiné les premiers croquis.
– Le chien
– Bellino
– La mornifle
– Des laitues
– 19 h 55
– Le 7 d'or
– Le mercenaire n'a pas de badge (n) tatoué sur la figure
– "Les Affaires sont les affaires"
– Le Brouzzouff
– Dominique Farrugia qui nous a tant fait rire un an plus tard dans la météo.
– Michel (Lamar Michel)
– Bélier
– Rocky
– Plus de 3 mètres
– Da - Da - Da - DaDaDa - Da
– Michelot
– Tous
– A des millions d'années Burosse

## Trivias • JTN

*Solutions de la page 20*

– Bruno Carette, Chantal Lauby, Alain Chabat
– Dominique Farrugia (alias "Tatie Canard")
– Un cadeau
– Yvan Duteuche, Jean-Luc Flifloufliou
– De bien belles images
– Sa foufoune
– Moscou
– Le Commandant Labouche
– 20 h 00
– Des pizzas
– Les titres
– Celle qui rit quand on la baise
– Celui qui rit quand on l'encule
– Très particulière
– Dominique
– Dans sa poche
– Champs-Elysées
– Journal Télévisé Nul
– Guy Béart, Francis Lalanne (entre autres)
– 701
– La minute de silence
– Noirs
– Blanches et noires
– En couleurs

## Trivias • La nuit la plus nulle

*Solutions de la page 74*

– Police Squad
– Une couille
– Mathias Ledoux (alias "Matt le Strong")
– Megastora (Anne Zamberlan)
– Tarama et Moussaka
– Ha-a
– Plusieurs
– Plusieurs
– Rosalie, Zebline, Tatave et Rouquinette
– Alain Chabat
– Le dernier Adamo
– "Three Amigos" de John Landis
– Chevy Chase, Steve Martin, Martin Short
– Weird Al Yancovic
– Françoise Sagan
– Jacques Delors
– Babar
– "Ministry of Silly Walks" ("Le ministère des marches stupides")
– Un million près
– Lieutenant Franck Drebin
– Peter Lupus
– Zucker - Abrahams - Zucker
– Bismugripol
– "Pop Corn"

## Trivias • ABCD Nuls

*Solutions de la page 96*

– Alain
– Bruno
– Chantal
– Dominique

# LES NULS • Amis des vedettes

*Trouve toi-même les légendes des photos. Solutions page 62*

1

2

3

4

5

6

7

8

9

10

11

ZORRRO
ON EN ÉTAIT A "TA-BRAS".
TA- BRAS !!!
GAIETÉ ?..
CLAP!
TA-BRAS-GAIETÉ ?..
... LES PLANTES ?..
VERTES ?
TOUTES VERTES ?
TA-BRAS-GAIETÉ-TOUTES

*LA SEMAINE PROCHAINE : LA COLÈRE DE DON PELLUCHE*

le missionnaire
la chaussette sibérienne
la patrouille de France
l'horloge parlante
AU QUATRIÉME TOP, IL SERA EXACTEMENT 21 HEURES 46
le double six magrebin

l'arroseur arrosé
l'hélicoptère
VRRRRRRR
le perchoir à limaces
combien j'ai d'oreilles
le serpent monétaire
CENT FRANCS LA PIPE...
...LE BONHEUR C'EST SIMPLE COMME UN COUP DE PINE
C'ÉTAIT FÉERIQUE !
JE SAIS
Vuillemin

MAMAN...
COIN COIN
VROUM VROUM
JE SUIS VIVANT...
IL FAUT QUE TU SOIS FORTE...
JE M'EN SUIS SORTI, MAMAN...
VIVANT...
RURGG
VIVANT...
DONG! DONG! DONG!

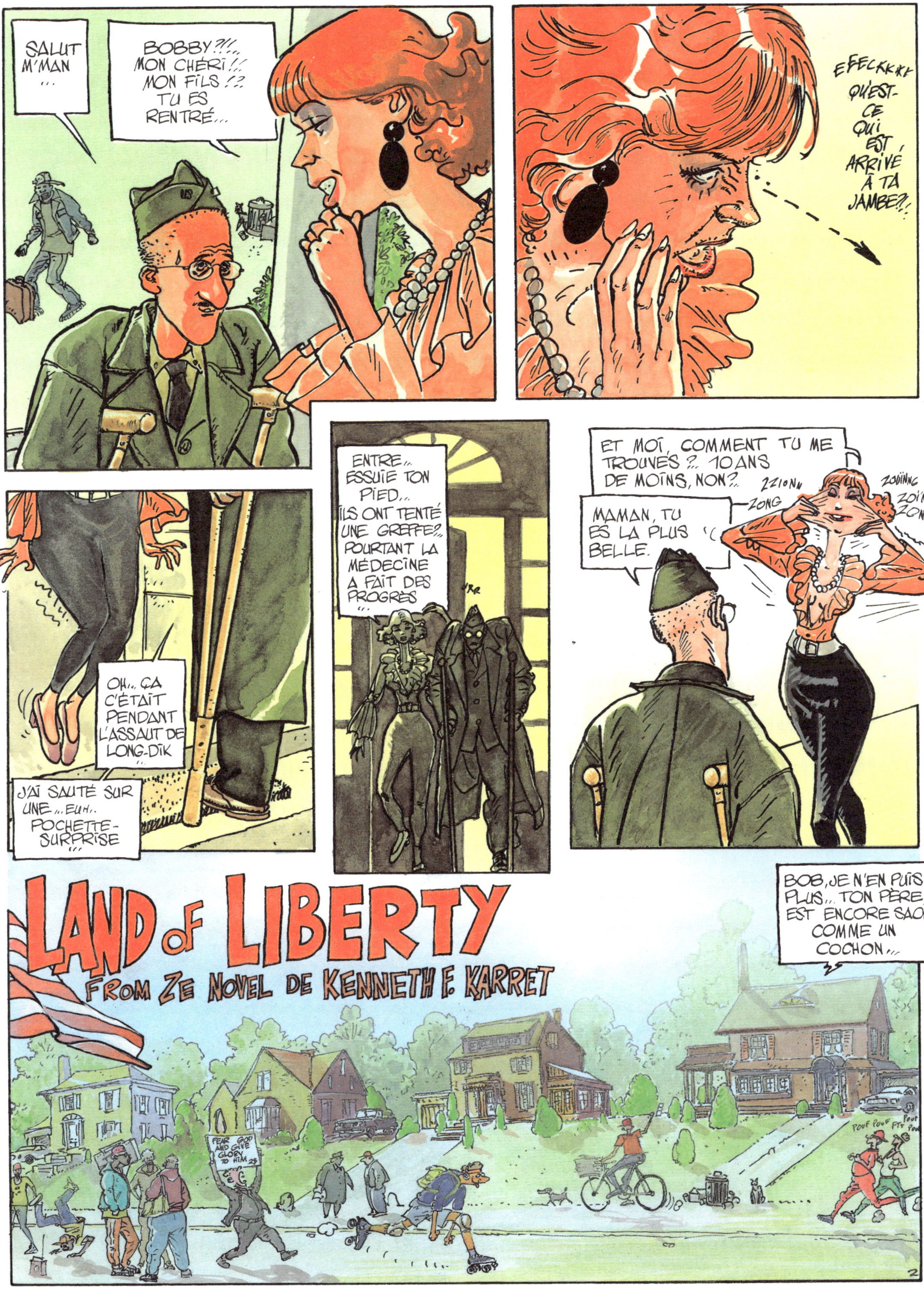

SALUT M'MAN ...
BOBBY ?!!.. MON CHÉRI !! MON FILS !? TU ES RENTRÉ...
EFECKKKK QU'EST-CE QUI EST ARRIVÉ À TA JAMBE ?!!
OH.. ÇA C'ÉTAIT PENDANT L'ASSAUT DE LONG-DIK
J'AI SAUTÉ SUR UNE... EUH.. POCHETTE-SURPRISE ...
ENTRE.. ESSUIE TON PIED.. ILS ONT TENTÉ UNE GREFFE ? POURTANT LA MÉDECINE A FAIT DES PROGRÈS ...
ET MOI, COMMENT TU ME TROUVES ?.. 10 ANS DE MOINS, NON ?..
ZZIONN
ZONG
ZOÜINNG
ZOÏNG ZONG
MAMAN, TU ES LA PLUS BELLE.
LAND OF LIBERTY
FROM ZE NOVEL DE KENNETH F. KARRET
BOB, JE N'EN PUIS PLUS... TON PÈRE EST ENCORE SAOUL COMME UN COCHON ...
FEAR GOD AND GIVE GLORY TO HIM

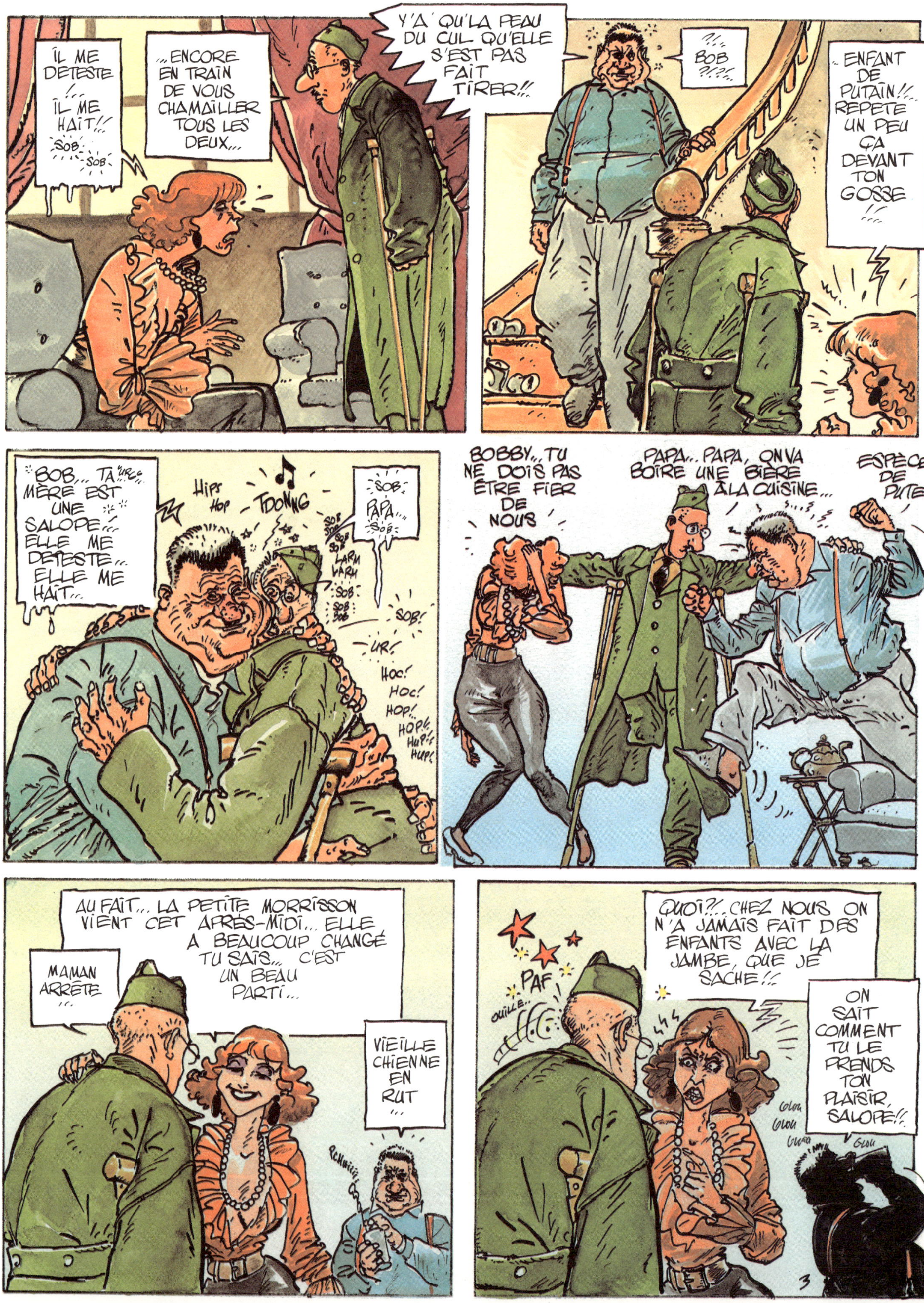
ÍL ME DETESTE !... ÍL ME HAÏT !!
SOB... SOB
...ENCORE EN TRAIN DE VOUS CHAMAILLER TOUS LES DEUX...
Y'A QU'LA PEAU DU CUL QU'ELLE S'EST PAS FAIT TIRER !!
?!! BOB ?!?!
ENFANT DE PUTAIN !!... REPETE UN PEU ÇA DEVANT TON GOSSE !!
BOB... TA MÈRE EST UNE SALOPE !... ELLE ME DETESTE... ELLE ME HAÏT...
HIPS HOP TDONNG
SOB PAPA SOB
SOB SOB SOB LARM LARM SOB SOB SOB
SOB! UR! HOC! HOC! HOP! HOP! HUP! HUP!
BOBBY... TU NE DOIS PAS ÊTRE FIER DE NOUS
PAPA... PAPA, ON VA BOIRE UNE BIÈRE À LA CUISINE...
ESPÈCE DE PUTE !!!
AU FAIT... LA PETITE MORRISSON VIENT CET APRÈS-MIDI... ELLE A BEAUCOUP CHANGÉ TU SAIS... C'EST UN BEAU PARTI...
MAMAN ARRÊTE ...
VIEILLE CHIENNE EN RUT ...
PAF
OUILLE
QUOI ?!... CHEZ NOUS ON N'A JAMAIS FAIT DES ENFANTS AVEC LA JAMBE, QUE JE SACHE !!
ON SAIT COMMENT TU LE PRENDS TON PLAISIR, SALOPE !!
GLOU GLOU GLOU GLOU
3

TU NE M'INSULTERAS PAS DEVANT NOTRE ENFANT!! ESPÈCE DE CHIENNE!!
QU'EST-CE QUE TU VAS TE FAIRE TIRER ENCORE!!
PAS PAR TOI EN TOUT CAS!!
JE MONTE DANS MA CHAMBRE...
VIEILLE PEAU!
TON CORPS ME LAISSE FROID!
TU L'AURAS VOULU!
ARGG
CRÈVE CHAROGNE
ARGG
PAN
PAN
PAN
♪ Ô LORD CAN'T YOU SEE
.. AND ZE LAND OF FREE
... AND ZE HOME OF ZE BRAVE...
?!
SNIF
MIAM
SCROOOUNCH SCRUNCH
MIAM
ILS SONT CONS CES RICAINS!..
AL COUTELIS

# LES NULS • Ambiance tournage

*Trouve toi-même les légendes des photos.* *Solutions page 62*

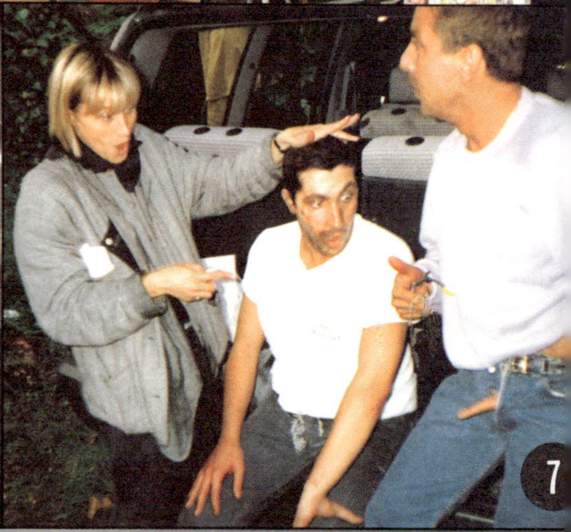

**Badin et captivant, essaie d'attribuer à chacun des Nuls son costume du Péplum :**

# TARAMA ET LES MINES DU ROI SAUMON

# TRIVIAS

## LA NUIT LA PLUS NULS

– Quel est le titre de la série américaine présentée dans la N.L.P.N. ?
– Qu'est-ce qui flottait dans le potage ?
– Qui a réalisé la N.L.P.N. ?
– Quel est le nom de la "Grosse Egérie" de Pubis ?
– Donne le nom des amants terribles du Péplum.
– Comment s'appelait le valet de Tarama ?
– Combien de plats Pubis s'est-il foutu au cul ?
– Combien de poules y avait-il dans l'arène ?
– Peux-tu donner le nom des principales poules ?
– Qui interprétait le rôle de Freddy dans la N.L.P.N. ?
– Quel disque écoutait Freddy ?
– Le titre du grand film présenté dans la N.L.P.N. ?
– Le nom des 3 principaux acteurs ?
– Qui parodie Michael Jackson dans la N.L.P.N. ?
– Qui Pierre Desproges interroge-t-il dans N.L.P.N. ?
– Qui est ridicule en parlant anglais dans la N.L.P.N. ?
– La N.L.P.N. a présenté le bêtisier d'un dessin animé, lequel ?
– Quel est le nom du ministère des Monty Python ?
– A un million près, quel est le prix, à un million près, du Péplum ?
– Dans Police Squad, quel est le nom du personnage interprété par Leslie Nielsen ?
– Un des acteurs de Mission Impossible joue dans Police Squad, lequel ?
– Quels sont les noms des auteurs producteurs réalisateurs de Police Squad ?
– Quel suppositoire utilise Thierry Lermithe dans une fausse pub du Splendid ?
– Quel est le titre de la musique de la Nuit La Plus Nulle ?

Solutions page 62

# Télé Gazelle

7 F salement

PROGRAMMES DU 6 AU 7

Tous les programmes de TVN595

## EVELYNE BAYLE : MON JARDIN SECRET "

## BERNARD MONTIEL : Les chaînes donnent des glands... »

## L'INCENDIE DE LA BIBLIOTHÈQUE DE MIREILLE MATHIEU : Les 3 livres sont dans un état déplorable »

## TOUTES LES PHOTOS DU DESASTRE

« LA GRANGE ET LA PAILLE » : GAGNEZ 10,000 F (pour deux) au CONCOURS TVN-TELE GAZELLE

M595-232-7,00 F
N° 232
Hebdomadaire du 6 au 7

**Nouveau modèle**
**s'adapte à toutes les formes de bite**

# Une récente enquête

**l'affirme : chez un homme, les femmes sont d'abord attirées par la bite, c'est le symbole de la virilité. Les hommes sont les premiers à le ressentir. Les sondages sont formels, 80 % d'entre eux accordent plus d'importance à leur bite qu'à n'importe quelle autre partie de leur corps.**

**Témoignages :**

*M. F. de Paris : « Toute ma vie, j'ai souffert d'avoir une petite bite, j'en avais honte. »*
*M. C. de Paris : « J'avais tenté tous les produits miracles en cachette pour développer ma bite et plaire à ma femme qui regardait toujours la bite des autres hommes. »*

# AVOIR UNE BELLE BITE

**Rapidement :**
— à tout âge
— sans effort.

**C'est possible :**
— en 1 seul achat
— 1 fois pour toutes
— sans produits chimiques.

**la cryothérapie**
**QU'EST-CE QUE LA CRYOTHERAPIE ?**
La découverte de chercheurs américains, mise au point par un institut suisse, démontre les extraordinaires pouvoirs du froid, et son efficacité pour activer la circulation sanguine, améliorer l'élasticité des tissus, rendre la peau lisse et ferme.

**En string**
Vous pouvez vous permettre les pantalons les plus serrés, les caleçons à la mode et vous promener sur la plage.
Vous vous sentirez un nouveau pouvoir de séduction sur les femmes, vous serez bien dans votre peau d'homme et tous vos amis le remarqueront.

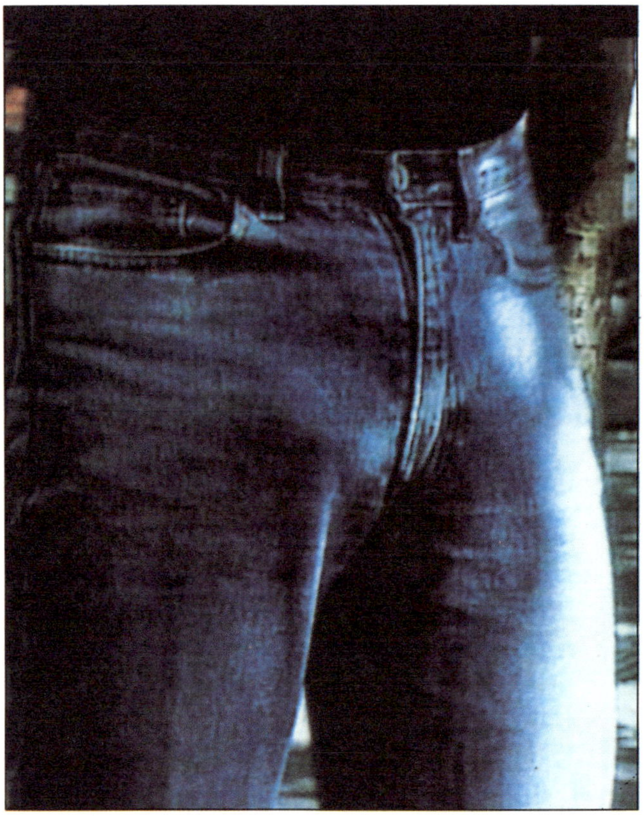

A vous, tous les pantalons moulants sans slip, votre femme posera un regard neuf sur vous. Vous connaîtrez une nouvelle lune de miel.

**Triple garantie**
VOTRE CONTRAT CONFIANCE
100 % SATISFAIT OU 100 % REMBOURSÉ
Votre phyto-bite doit :
— raffermir ou développer votre bite
— sans crème, sans gélules, sans exercices à faire.
***Il est invisible et aucune contre-indication n'a été enregistrée.*** Si par extraordinaire vous continuez à vous pisser dans les poils, cette expérience ne vous aura rien coûté. Nous nous engageons à vous rembourser votre phyto-bite dès le retour du colis.

Pour bénéficier du prix spécial lancement France, remplissez immédiatement le *bon de commande valable 15 jours.*

# Grâce à la cryothérapie

# Votre phyto-bite

**Testé avec succès à l'étranger votre PHYTO-BITE arrive sur le marché français. Il allie l'efficacité du froid et les avantages des bandages. Il se porte à n'importe quel moment de la journée et s'adapte à toutes les formes de bite. Il vous servira même de slip pendant vos occupations quotidiennes.**

**Exclusivement en vente par correspondance**

**BON POUR PHYTO-BITE**
**AVEC TRIPLE GARANTIE CONFIANCE**
**GARANTIE 2 MOIS**

A retourner à : TL1
Les Sélections de Jacques Bonrein BP 12-78410 Bourre/Yvette
OUI, veuillez m'envoyez sous emballage discret et sans marque extérieure et sous la condition d'être totalement remboursé en cas de non satisfaction.

| DESIGNATION | Prix | Montant |
|---|---|---|
| 1 PHYTO-BITE | 259 F | |
| Ma participation aux frais d'envoi | | + 24 F |
| TOTAL | | |

**J'inclus mon règlement**
☐ chèque ☐ CCP ☐ mandat-lettre à l'ordre de :
Les Sélections de Jacques Bonrein
☐ Je paie avec ma carte bleue N° de carte :

SIGNATURE :

☐ Je préfère payer au facteur à réception du colis, je paierai alors 25 F de plus pour frais de contre-remboursement.

Nom ______ Prénom ______
Adresse ______
Code Postal ______ Ville ______

# SOMMAIRE

Télé Gazelle, 1, place Mogador, 91300 MASSY. Téléphone : (1) 46 67 54 62 001
*Abonnements : 3443344334. Depuis Paris faire le 16.*

## TÉLÉVISION - ACTUALITÉ



## PROGRAMMES TV



## CAHIER FAMILLE



## CAHIER SPÉCIAL JEUX



# Du nouveau grâce à votre courrier !

André Gessette
Rédacteur en chef

Cette semaine, notre journal prend un coup de neuf. Après votre courrier nombreux (pauvre Marie-Christine !), notre journal a subi quelques transformations.
Si notre métier est de vous écouter, c'est aussi notre mission de vous satisfaire. C'est pourquoi (« ITA QUE ») notre Télé Gazelle de cette semaine a subi quelques modifications.
En effet, vos lettres nous permettent d'avancer et de faire évoluer dans le mieux ce journal qui est aussi le vôtre. « Qui n'avance pas, recule », cette maxime est la profession de foi de notre rédaction. Alors, cette semaine : encore des changements ! Car à en croire votre courrier, vous n'hésitez pas à remettre en question les changements de la semaine dernière, et vous avez raison car c'était vraiment pas bien. Pour tout dire, je n'étais pas là. Et comme dit le proverbe : « Rédacteur aux Seychelles, c'est tout de suite le bordel ». Aussi cette semaine, nous avons décidé, suite à votre courrier, d'apporter quelques améliorations quant au contenu de ce guide familial de la télévision. En espérant que ces modifications, ces changements, ces transformations, ces améliorations vous conviendront, nous attendons vos lettres. A.G.

# LES INDISCRÉTIONS DE TÉLÉ GAZELLE

Avant de passer à l'antenne, **Bernard Montiel** se demande quelle chemise il va mettre. Heureusement, une fois décidé, il peut présenter ses émissions, tranquille, la tête vide.

**Bernard Montiel** (bis) : l'animateur a été effrayé en voyant le poids et la taille que faisait un dictionnaire. « Jamais, a-t-il déclaré, je pensais que ça existait autant de mots ».

**Gérard Louvin** lance sur le marché du livre et du disque une jeune chanteuse portugaise encore plus pauvre que Linda de Suza. Titre du livre, comme du disque : « Mon carton en carton ».

**CONSEIL**

Les grosses, c'est comme les mobylettes : c'est rigolo à monter jusqu'au moment où un copain te voit dessus.

« Si **Michael Jackson** ne veut pas d'enfants avec un gros pif, des cheveux crépus et des lèvres lippues, il va falloir qu'il épouse une clinique » dixit Prince.

**France Gall** a déclaré hier à Justin Bridou qu'elle préférait le bâton de Berger.

**ERRATUM**

*M. Le Pen nous a demandé de rectifier une erreur, ce que nous faisons bien volontiers. A la place de « Si j'étais Président, je flanquerais les Arabes, les Juifs et les pédés au crématoire », il fallait évidemment lire : « Excellent ce Bordeaux, vous ne trouvez pas ? ». Nos lecteurs auront rectifié d'eux-mêmes.*

# EVELYNE BAYLE : « Mon jardin secret »

**Chaque soir, son sourire illumine votre petit écran. Le secret de sa bonne humeur, Evelyne en parle simplement, et avec le naturel qu'on lui connaît.**

C'est en se perdant dans les bretelles de l'autoroute du Nord qu'Evelyne Bayle est tombée amoureuse de ce bel endroit.

Nichée au cœur de Barly 2, à l'abri des contreforts de Sarcelles, elle passe le peu de temps libre qui lui reste dans ce lieu magique, qui n'est ni une maison ni un appartement.

*''Peut-être, un jour, collectionnerai-je les rabots !''*

Evelyne a plus d'une corde à son arc. Outre la présentation tardive des programmes, elle s'est essayée avec succès à l'art difficile de l'écriture.

Son dernier livre autobiographique « Merci d'être resté si tard » (1) s'est bien vendu en librairie. Evelyne songe déjà au suivant : peut-être un livre sur sa mère, ou bien un grand roman style Louis XV. Elle ne le sait pas encore précisément.

Alors en attendant, elle bine.

Oui. Car Evelyne Bayle a un passe-temps : la binette. « Oui, dès que j'ai une minute, je bine. C'est ma passion. C'est grâce à mon mari que j'ai touché ma première binette ».

Et quand on lui demande si elle aime la terre, elle répond « La binette. J'aime avant tout la binette ».

Elle reçoit des binettes de toutes les formes et de tous les pays, envoyées par ses centaines d'admirateurs. « J'en ai plus de 200 ».

Et de nous narrer une anecdote croustillante : « Un téléspectateur de la Marne m'a envoyé un rabot à la place d'une binette. Je ne lui en veux pas, qui sait ? peut-être un jour collectionnerai-je les rabots ! » (rires).

## Son mari

Son mari restaurateur — il s'occupe de « l'Espaou » — l'a quittée récemment

**Hervé Desinge, son éditeur, lui a**

pour Nadine Imouk, autre speakerine de TVN beaucoup plus jeune et qui passe plus tôt dans l'après-midi. Evelyne ne lui en veut pas. « C'est un gros enculé » nous hurle-t-elle.

## Des projets

« Des projets, j'en ai des tas. Mais ce qui me tient le plus à cœur, c'est d'allier

***cette superbe binette allemande…***

mes deux passions : la binette et la télévision. Il y a des tas d'émissions sur les rateaux, mais rien sur la binette. »

Quand on veut en savoir plus, elle esquisse un sourire mystérieux. « Je ne peux rien dévoiler pour l'instant. Sachez seulement qu'il y aura un invité et une binette face à face ».

Alors Monsieur Dumoulin — président de TVN — à quand la binette sur votre chaîne ? Gageons que la pelle d'Evelyne sera entendue.

## Le soleil

Le soleil se couche sur Sarcelles, le ciel rougeoit et déjà nous devons partir.

Connaissant son goût des voyages, on a envie de lui demander combien de temps Evelyne restera dans ce coin charmant ?

« Ce qui est sympa avec une caravane c'est qu'on peut se déplacer », nous rétorque-t-elle, sibylline, avant d'aller biner avec des amis ».

**Mireille Boutboule**

---

*(1) « Merci d'être resté si tard », Evelyne Bayle. Editions Alban Ceray.*

# Jeudi 7 TVИ 595

**08.30 C'est déjà le matin.**
• matin de pêche
• matin de ta mère
• matin chose
Le magazine de la chose est présenté par Pierre Bellemère et Maryse.

**09.15 La chose mystérieuse avec Jacques**
Aujourd'hui : le DE
— matin voilà du boudin
— matin couffin

**10.00 Youpi les babous**
E **Youpi les Babous !**
Emissions pour la jeunesse.
Proposées par Danièle Marchandising.

**Bioman**

**Bazounga,** l'ami des enfants.
Bazounga est dans la rue du bonheur et croise monsieur Paul, le boulanger...

**Vulva,** la cochonne de l'Espace (*sous réserves*)
Vulva est dans la rue du bonheur et croise monsieur Paul, le boulanger. Elle le suce...

**11.30 La roue magique**
Jeu présenté par : Michel Juppe et Roger Rogers

**12.04 le midi pile**
l'actualité tout en images

**La roue magique** (*(suite et fin...)*

**14.00 Les chemins du désespoir**
Série brésilienne. *Déjà diffusée.*
Jonathan a des hémorroïdes. Polly vient d'être nommée speakerine. Elle meurt.

**15.15 Clip**
**David et Bensoussan :**
« Qu'est-ce que tu vends ? »...
David chante la chanson à Bensoussan. Il le suce. (*sous réserve*).

**15.20 La France aux chansons la chance aux Français**
Une émission de variété - politique proposée, présentée et regardée par Pascal Navran.
Les discours agricoles. Et la présence exceptionnelle d'Yvette Forzy. Elle le suce. (*sous réserves*).

**17.25 Clip**
Les fonctionnaires : « musique d'ascenseur ». 4 fonctionnaires entrent dans un ascenseur. Que font-ils ? (*sous réserves*).

**17.30 Brad Murdock**
Série américaine. *Déjà diffusée* en : fév. 67, juin 68, déc. 68, mars 70, janv. 71, oct. 71, nov. 73, Super Croix 76, avril 77, juillet/août 79, sept. 81, mai 83, déc. 83, juin 84, août 84 (sur TMC), sept. 86, août 88, jan. 89.
*Rediffusion.*
Brad Murdock croise Ibrahim — son ennemi juré — dans l'avion qui le mène à Lincoln, capitale du Nebraska. Ibrahim a bien une petite idée en tête (*sous réserves*).
Avec Tony Boone, Evalise Wuitton, Ralph Duveldeev, et Caïd (as the dog).

**18.30 Bois de Boulogne**
Série brésilienne.
On offre un bonbon à Josépha. Elle le suce. (*sous réserves*).

**18.45 à 19.55 ★★**
**Tout un tas de speakerines**
à votre service (*sous réserves*).

**20.03 La grand'messe du 20.00**

**20.30 Le tirage du Bouloto**





★ BON ★★ TRES BON ★★★ A NE PAS MANQUER **A** POUR ADULTES **E** POUR ENFANTS

# 20.40

**Téléfilm français en noir et blanc et en 3 parties, réalisé par Hervé Faissevic.**

# La Grange et la Paille

*Déjà diffusé.*
*4e partie : « La giboulée des espoirs » avec :*

*Alain Chabat ............. Sandrine Jacotte*
*Chantal Lauby .......... Marcelle Moutard*
*Bruno Carette ........... Morriçot Moutard*
*Dominique Farrugia .......... la Noireaude*
*Yves Jouffroy ..................... Alexis*
*? ................................ le Nicot*

**Si vous avez manqué le début :** Aux Trois Granges, la Sandrine a repris courage. Son seul espoir, retrouver « le Nicot », son fils enfermé dans une pension religieuse et retiré à la Sandrine par le curé de Niort — l'abbé Croûte — à qui elle a refusé ses faveurs. Près d'elle à la ferme, le Morriçot — son voisin — qui l'aime en secret et la sœur du Morriçot, la Marcelle, femme diabolique s'il en est.
Dans le cœur de Sandrine : Alexis, son mari, dont elle ne sait plus rien, Alexis devenu amnésique après la bataille de Nvorjik, après avoir reçu un samovar sur la tête.
Aux Trois Granges, on prépare l'hiver.

*Prise de bec entre la Marcelle (Chantal Lauby) et le Morriçot (Bruno Carette).*

**Notre avis :** c'est le premier roman d'Hervé Faissevic, adapté pour l'écran. Il brosse ici à la fois une belle peinture du monde rural, et une belle paire de chaussures en croco. Une œuvre touchante et remarquable.
*Voir notre article p. 10*

**Avis de l'OFC :** pour toutes.

## 23.15 Electromonde

Des témoignages. Souvent durs.

## 23.40

**Documentaire animalier**

# Le Pigeon de Somalie

**A** Le film tourné par l'Equipe du professeur Gunter Hirsh a nécessité plus de 80 jours de tournage dans des conditions peu souvent propices et conformes à l'idée du confort tel qu'on l'imagine en Europe occidentale. Mais qu'est le confort après tout ? Toutes ces commodités, qui procurent le bien-être matériel, nous éloignent un peu plus chaque jour du spirituel et du mystique, essence même de nos traditions. Ce qui nous vaudra un prochain film en 3 volets du professeur Hirsh intitulé : « le Loup verruqueux de Malaisie » suivi de « l'Oie anthracite du Sénégal ».
« Le Pigeon de Somalie » tourné en 1988 par Hirsh-Royal Institute of Miami ne peut en quelques heures traiter toute la vie et l'évolution du ramier de Somalie mais contribuera peut-être à vous faire découvrir un peu celui que l'on appelle pompeusement : le pigeon de Somalie, mais c'est un autre débat.

*Un bien fier pigeon.*

**Avis de l'OFC :** pour toutes (*sous réserves*).

## 23.20 Télé-Télés

Le magazine de la télé.
Proposé par Claude Vendura et Philippe Charnier.
Interviews : Bill Grinberg, Danièle Gilbert, Evelyne Bayle et Sébastien. Elle le suce (*sous réserves*).

## 23.58 Un suppo et au lit

## 00.01 Fin des émissions

# "LA GRANGE & LA PAILLE"

**TVИ 595**
**JEUDI • 20 h 40**

***Hervé Faissevic : un réalisateur qui sait choisir ses auteurs.***

Hervé Faissevic : le réalisateur de « La Grange & la Paille »

En effet, Hervé Faissevic a choisi d'adapter pour la télévision son propre roman « La Paille & la Grange » (1).
Faissevic n'est pas né de la dernière télévision : **« J'étais déjà là en 54 et il y avait 3 000 postes en France ».** Et il ajoute en parlant de l'avenir de la télé **« J'ai cherché un ton nouveau car je crois que la télé est en train de crever d'un trop-plein de fiction. Les téléspectateurs ne sont plus intéressés par l'action et le suspense. Ils veulent autre chose ».**

*(1) « La Paille & la Grange ». Hervé Faissevic. Editions « Socialisme en marche »*

Voici comment Hervé nous présente son film.

## *L'époque et le lieu*

« Nous sommes au cœur du marais poitevin en 1812. Exactement dans le Sud-Est du Poitou. Napoléon poursuit son rêve de gloire et la campagne sur le front russe ''bat son plein'' ».

## *Le thème*

« Alexis, jeune paysan idéaliste, s'est engagé dans un souci de justice dans les armées Napoléoniennes. Aux 3 Granges (nom du lieu-dit), il a laissé Sandrine, sa femme et le Nicot, son fils. La vie est rude pour eux, comme pour tous ces paysans de l'époque. Alexis est-il mort en recevant un samovar sur la tête à l'entrée de Moscou ? Sandrine n'espère plus ».

La choix des acteurs n'a pas été laissé au hasard et on sait quelle attention Hervé Faissevic porte à ses personnages. Tous sont joués par des acteurs ruraux. Certains même ne sont pas acteurs du tout.

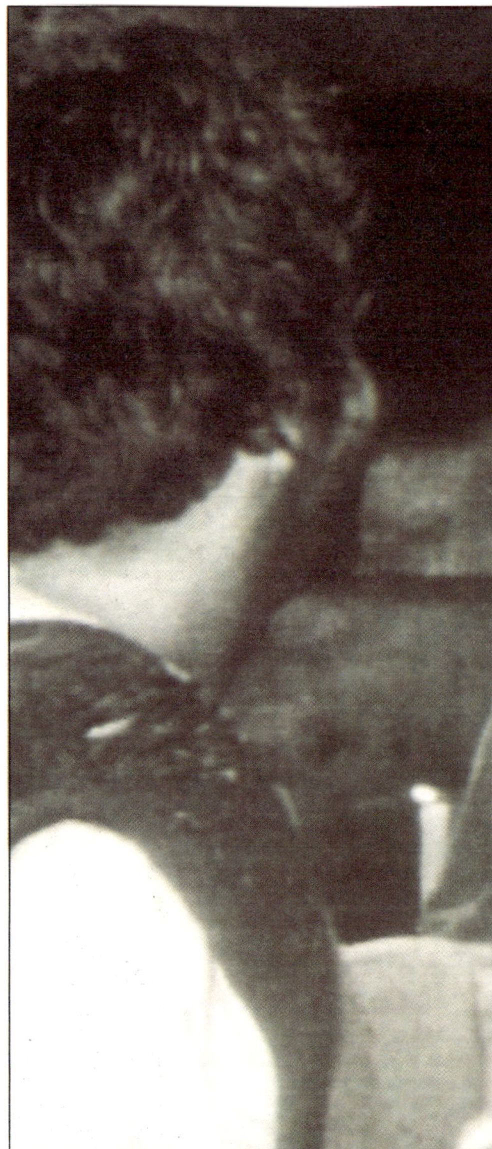
Pour des raisons de réalisme rural, les pré
Ici, Sandrine Jacotte dite « la Sandrine » (à
(à gauche). Des acteurs ruraux.

Marcelle Moutarde, dite « la Marcelle ».

nt précédés de l'article.
et Morriçot Moutard dit « le Morriçot »

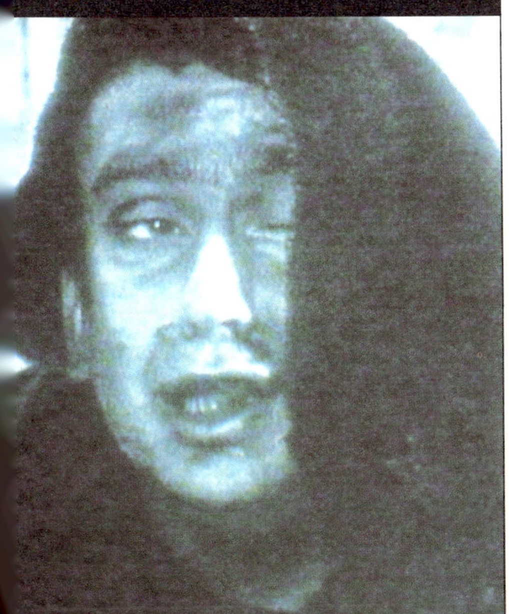

La Noireaude, dite « la Noireaude ».

**La Sandrine :**
« Pour des raisons de réalisme rural, les prénoms sont précédés de l'article. On dit « la Sandrine » ou « le Morriçot ». Sandrine Jacotte — 29 ans — jeune femme belle et travailleuse — anticléricale mais bonne chrétienne — piquante mais pas coquette pour 2 sous. Elle est folle de son fils (« le Nicot ») et ne regarde jamais un homme. Dans sa tête, il n'y a qu'Alexis qu'elle croit mort sur le front russe (pendant l'entrée de Napoléon à Moscou).
La nuit, il lui arrive de se frotter aux édredons en criant « Alexis ! Alexis ! », alors elle transpire ».

**La Marcelle :**
« Marcelle Moutard — 29 ans — « La Marcelle », elle inspire la peur, la beauté connaît pas. Elle se gratte comme elle se mouche, c'est-à-dire souvent.
Acariâtre, méchante, menteuse, voire voleuse.
Aux champs, elle est coincée et prude devant les autres. Grenouille de bénitier, elle ne rechigne pas en douce devant un grand coup de bistouque.
Elle manœuvre « le Morriçot », son frère, et déteste la Sandrine dont elle est jalouse.
C'est une teigne pas très propre.
La Marcelle n'est pas très propre ».

**Le Morriçot :**
« Morriçot Moutard — 26 ans (.)
Naïf, travailleur et costaud, juste pas très finaud. Il bande pour la Sandrine et veut l'épouser (la Sandrine lui dira un jour en le repoussant : « d'abord je ne suis même pas veuve »). La Marcelle le craint (quand il se met en colère) mais elle arrive à lui faire croire ce qu'elle veut. Barbu, il n'est pas très propre non plus ».

**La Noireaude :**
« Comme toutes les cinglées très touchées, la Noireaude est sans âge. C'est la bargeot des 3 Granges. Toute de noir vêtue, elle a perdu la raison il y a très longtemps. On la croit muette (l'est-elle vraiment ?), sourde (l'est-elle aussi ?)
Elle pue seulement, et pousse des petits cris gutturaux en marchant comme un animal. En réalité elle feint la folie ».

B.C.

Nullement affectée par les 3 % d'audience des 3 premiers épisodes (résultats cumulés), TVN — dans un souci de culture et d'économie — continue de diffuser « La Grange & la Paille » tous les jeudis à 20 h 40.

# NOTRE GRAND CONCOURS TVN 595 Télé Gazelle

## LA GRANGE ET LA PAILLE
## 10,000 F (pour deux) à gagner

**Question :** *Lorsque la Noireaude s'est approchée de la Sandrine, quelle phrase a-t-elle prononcé ?*

**Envoyez vite**
sous enveloppe timbrée votre bulletin-réponse avant lundi 10 septembre minuit, le café de la poste faisant mal au foie, à :

**Télé Gazelle, Concours « La Grange et la Paille », 9992227 Paris Concours.**

NOM .......................... PRENOM ..........................
ADRESSE ..........................................................
.......................... CODE POSTAL ..........................
VILLE .......................... PAYS ..........................
TELEPHONE ........................................................

TVN

# LA ROUE MAGIQUE

***Le générique du jeu "la Roue magique" (T.V.N. T.l.j. 11 h 35) défilant trop rapidement, les intervenants ont demandé sa publication dans "Télé Gazelle". A lire lentement.***

## UNITÉ DE VARIÉTÉS ET D'ABÊTISSEMENTS
## Pascale Creugnos et Catherine Zarma

Produit par Catherine Zarma et Thierry Arkisson - Leglas.

En coproduction avec l'office national du tourisme suisse et le marais poitevin.
© Proctozoer & Grumble Inc. 1988 - U.S.A.

*Adaptation :* Anne & George Dutter d'après le jeu : "The Magic Pneu" - © NBC.
© Proctozoer & Grumble Inc. 1988 - U.S.A.

*Librement inspiré du roman de Nicolaou :* "Tourne, tourne, petite roue"
Editions du Crochet. 98080 Monaco - MC
© Proctozoer & Grumble Inc. 1988 - U.S.A.
1600, Princess Charlotte Bd. Los Angeles - CA.

*Conception :* Jeff Brundlefly & Tata Jacqueline.

*Décor :* Philippe Désert.

*Lumière :* Charles Jobert.
*assisté de :* Gilbert Montagné.
*Machinistes de plateau :* Riton Balard, Nenesse Piflechien, Marcel Balaise, George-Marc Benamou, Roger Balez, Yvon Anchier.

"La Roue magique" est la propriété exclusive de Proctozoer & Grumble Inc. 1988 - U.S.A. Tous droits de reproduction interdits pour tous pays, y compris l'U.R.S.S., et c'est pas de l'anticommunisme primaire, c'est normal... comme les autres.

Michel Juppe porte un slip douteux sous son pantalon de costume Kenzo. Il sent sous les bras aussi.

*Véhicules prêtés par :* Limo-Service.

*Cadeaux fournis par :* Philips Brant Renoma, Calgon. *Fouet :* Paul Prédaut. *Séjours offerts par :* Eurotour & Transgrec.

Remerciements à l'équipe de purée du Zambèze : *Opérateurs magnéto :* Véronique Flate, Jean Mout, Georges Slime, Yvon Tombay.

*Crédits :* Proctozoer & Grumble Inc. © 1988 - U.S.A.

*Assistants :* Jérôme George, Philippe Maurice, Daniel Gilbert.

© Proctozoer & Grumble Ink. 1988 - U.S. of A.
*Eclairages dedans :* Max Hillaire.
*Eclairages dehors :* Christian Lehman.
*Cadreurs :* Placido Frir, Joaõ de Recevoir.
*Encadreurs :* Maurice Figneau. 16, bd de la République.
Jouy-en-Godass - 93440 Cedex.
*Régie Vidéo :* Panaflex - Laboratoires Eclair.
*Car mobile :* Rolling Stone Unit.
*Mon cul :* Sur La Commode.
*Moyens techniques :* U.M.T. fournis sans le personnel technique qu'il faut donc payer en plus.
*Costumes :* Locatema.
Michel Juppe est habillé par sa femme. Sa femme est déshabillée dans "Oral Sex" n° 8.

*Montage :* Alain Berberian, Laszlo Kovacs.
*Mixage :* J.-Marc Lebut.
*Truciste :* Loïc Le Quennec.
*Tuciste :* Eric Billéraquime.
*Scripte :* Sylvia Folgoas.
*Paint Box :* Marcel Griffon.
*Synthé :* Eric Waqueman.
*Chef de plateau :* Dominique Mouchet.
*Photographe de plateau :* Jacques Gattasse.
*Négresse à plateau :* NG' Um - Phu Fu.
*Preneur de son :* Philippe Benoît.
*Accessoiriste :* Claude Dumont.
*Preneur de tête :* Boris Bergman.

Tous les textes sont la propriété exclusive de © Proctozoer & Grumble Inc. 1988. U.S.A.

*Chef de Production :* Olivier Caz. *Conseiller à la réalisation :* Jules Héjim.
*Sandwiches :* "Chez Raymonde" ; *assistés de :* Jean Bondeparme *et :* Cochise Beurgueur.

*Avec le concours des sociétés :* Prisons Bouygues S.A., Techno France, Zébulon.

Proctozoer & Grumble Inc. © 1988 - U.S.A.
T.V.N. Programmes, Rhône Poulenc, Comptoirs Modernes, R.A.T.P., S.N.C.F., C.Q.F.D., G.P.T. et Socialisme en marche.

*Perruques :* Wig, Anny d'Avrouy, Rock'Hair.
*Prothèses :* Adam Diffusion.
*Objets Latex :* S. & M. Shop. 944, Christopher Street - N.Y.-N.Y.

*Générique :* Pierre Quiroule.
*Démaquillage :* Nathalie et Bénédicte.
*Gaffer :* Gaston Lagaffe.
*Son :* Louis Fine.
*Image :* Nadine Imouk, Gilbert Heybasque, Nordine Froncet.
*Colo :* Philippe Gildas.

*Trucages : I.L.M. Lucas Films* © THX en association avec Proctozoer & Grumble Inc.

© 1988. U.S.A.

*Assistants de réalisation :* Charlie Bravaut Victor Roger, Tango Zoulou, Josiane Tacheron et Déborah Foune.
*Conseillers à la réalisation :* J.-Luc Assec, Jerry Melatoute et José Benazeraf.

*Aides de réalisation :* Rémi Baymole.
Rémi Baymole est coiffé par Maniatis.
*Logo et dessin :* Gaetan "Tanino" - Liberatore.

*Concept :* © Proctozoer & Grumble Inc. 1988 - U.S.A.
*Lettrage :* Futura Demi-Bold.
*Habillage :* Etienne Robial.

Les clubs de golf nous ont aimablement été prêtés par André Rousselet. © CANAL +.
*Réalisation :* Mathias Ledoux.
*Unité de variétés et d'abêtissements :*
Pascale Creugnos et Catherine Zarma.
Que Dieu leur pardonne, elles ne savent pas ce qu'elles font.

**© T.V.N.**

1 → De Coke ou de Dreupou
← 1 Se torcher l'...
2 → On le hisse quand il est gra…
2 ↓ Chantal en est une
← 3 ... rieur
3 ↓ Qui protège les onimos
← 4 Bien monté
4 → Plastic money
5 → Phénomène de société
5 bis ↓ A l'envers entre le DO et le
← 6 Adverbe
6 ↓ Explose au Printemps
7 → Boulot de Guy Lux
8 → Elle est sur les chemins du désespoir
8 bis ↓ Téléphone maison
← 9 Cri de Skin
↑ 10 Ancienne drague
← 11 Préserve la couche d'ozone
10 ↓ Dessert Albi
11 → Rigolade
← 12 Dans le potage
← 13 Le Pen n'arrive pas à l'écrire … la fin de ses lettres
↑ 14 Pipa
← 14 A l'endroit entre le DO et le …
↑ 15 Syg
16 ↓ Knacki
↑ 17 Pâtés
17 → Moitié de cochon
17 bis ↓ USI inversé
← 18 Bout féminin
18 → Ah !
19 ↓ Skins aux meetings FN
← 20 LR
20 → Trou d'air
↑ 21 Lentille bâtarde
↑ 22 AG
22 → Ready Steady
23 → Dominique
← 23 Préservatif pour lunettes
← 24 Se dit d'une bite de nul
25 → Elle broute Sidonie
25 ↓ TVN...

# Les mots mi-fléchés-mi-croisés de
# François Diva

26 ↓ Lieu de rencontre des copeaux de métal
27 → Boisson
27 ↓ Télé Nulle
28 ↑ Evelyne Leclerc
28 ↓ Sa musique est un cri qui vient de l'intérieur
29 Plante verte
30 On en a peu
31 ↑ Divinité
31 Lederman
32 ↑ Philosophe allemand
32 Bernard Montiel
32 bis Royaume de Jacques Martin
33 → Tampon
33 Lama
34 → Bougez avec…
34 Au cul des poids-lourds
35 → EECSXS !
36 → Règle
37 ↑ Volcan
38 Postal ou Gano
38 → Défectuosité héréditaire
39 ↑ Flottantes
39 → Regarde à Marseille
40 Positifs ou négatifs
40 → Cache-couilles écossais
41 ↑ 15
42 Période chaude
42 Lovely
43 ↓ L'intestin l'est parfois
43 Rêve humide d'Ardisson
44 → Forniquai
44 A son contre
45 → Quasi-totalité de l'Irlande
46 ↑ Bonjour de Misou-Misou
46 → Ils sont les derniers à savoir quand il pleut.
47 → Réponse d'une Américaine quand on lui demande si on peut l'enculer
48 Niquée
49 Familier

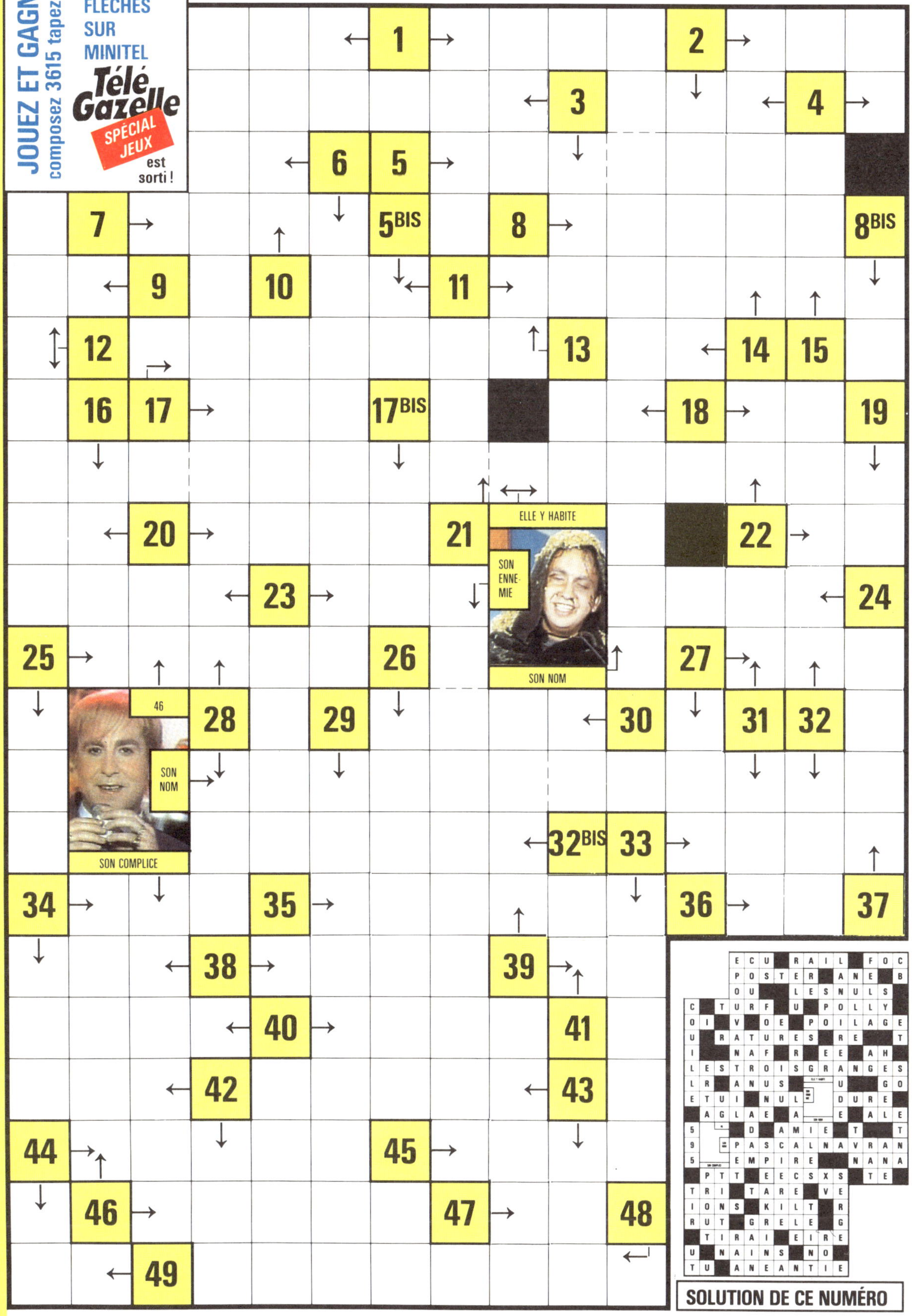


SOLUTION DE CE NUMÉRO

**ROMAN PHOTO A DÉTACHER**

# Les Chemins du Désespoir

**AVEC :**

*Polly Chantal*

*Marc Alain*

*Jonathan Bruno*

## RÉSUMÉ DE L'ÉPISODE PRÉCÉDENT :

Après leur dispute, Polly tente de se réconcilier avec Marc...

re façon de comprendre est de tourner la
C'était Polly !
Tu sais Jonathan, je crois que je n'ai pas le courage de trouver les réponses ancrées au plus profond de moi.
comme moi le sentiment de pas pris toutes tes responsa- d'avoir douté, d'avoir fait plus nt le mal que le bien ?
Non, Marc, tu as toujours voulu être honnête, mais là, je serais prudent si j'étais à ta place.
Mais tu n'es pas à ma place, Jonathan, tu es à la tienne.
! Je te reconnais bien là, nathan... Une image... Pau- Polly, elle ne méritait pas a.
Dring... Dring...
Je vais ouvrir.

Oh ! Polly, tu es superbe !
Toi aussi Jonathan. Marc est là ?
Oui, entre... (il crie...) Marc ! Polly vient d'arriver.
Oh ! Polly, tu es superbe !
Merci, toi aussi Marc.
Et si nous allions fêter ça au restaurant ?
Fêter quoi ?
Ma promotion, je viens d'être nommée speakerine.
Arrgh...!
Marc n'a pas l'air dans son assiette en ce moment.
A SUIVR

# TOP SENTIER

N° 27. 18 juin
Deauville : 5,60 F.
Cap Skirring :
5 boules et
2 colliers.

**3,80F à débattre**

## "GOOD MOORNING VATICAN" Interview Rabbin WILLIAMS

## DAVID & BENSOUSSAN Le clip décrypté

# ALLO, LES MACACHE (en PCV)

## Exclusif : "Je vends du large" par XXL

# TOP SENTIER

La plus belle entrée

N° 39

**ROBERT TRIPOUX**

La plus belle sortie

DIRECTEMENT DE LA 1ere PLACE A LA PORTE

**JE TE DONNE**

**JEAN-JACQUES GOLDMAN**

**Pour faire bouger ce classement, continuez à nous envoyer vos chèques.**

## LE CLASSEMENT

1. « J'ai liquidé mon stock d'amour » - *Fil Barney* ↑
2. « Pour toi, je reste ouvert le dimanche » - *Les Macache* ↑
3. « Reste avec moi, j'te fais un prix » - *David et Bensoussan* ↑
4. « Je t'ai aimé le temps d'une collection » - *Fil Barney* ↑
5. « Elle fait la gym » - *Les Macache* ↑
6. « Qu'est-ce que tu vends pour les vacances ? » - *David et Bensoussan* ↑
7. « Rabbi Rhapsody » - *Samuel D.* ↑
8. « A toutes les filles aux yeux d'or que j'ai aimées, avant » - *F. Barney/D. Barbelivien* ↑
9. « Je vends du large » - *XXL* ↑
10. « J'ai fait un ourlet à mon amour » - *Guy Vidal* ↑
11. « Baisers soldés » - *Les Macache* ↑
12. « Rockollection » - *Laurent Voulzy* ↑
13. « Dansons, Chantons, Blousons » - *Les Levy's* ↑
14. « Es-tu prêt-à-porter la vie ? » - *Les enfants de l'amour* ↑
15. « Ma gourmette » - *Vancliff et Arpelle* ↑
16. « Harley Davidson » - *BB* ↑
17. « Je reste seul au magasin » - *Fil Barney* ↑
18. « Comme un mouton retourné » - *Michel Berger* ↑
19. « Tout doit disparaître » - *Les Macache* ↑
20. « Mon cœur à prendre » - *C'est une affaire* ↑
21. « La Barmizva » - *Kaoma* ↑
22. « Les yeux pour pleurer » - *Claude-Michel Schonberg* ↓
23. « La groupie du tailleur » - *France Gall* ↑
24. « Mon cœur en soldes monstres » - *David et Bensoussan* ↑
25. « Bail à céder » - *par Dépôt de bilan* →
26. « Cocca-Dance » -*Tchouktchouka* ↑
27. « Les ongles pour se gratter » -*Claude Michel-Schonberg* ↓
28. « Elle m'a téléphoné un vendredi matin » - *Lou Bavitch* ↑
29. « Esther et Samuel » - *Marthe Villalonga* ↑
30. « Ne me kipa » - *Samy Brel* ↑
31. « Le cœur surpiqué » - *Fil Barney* ↑
32. « Relève le col, remonte tes manches » - *Les Circoncis* ↑
33. « Tu as changé de propriétaire » - *Fil Barney* ↑
34. « Suce ma bite » - *Les Nuls* ↑
35. « Fin de série » - *Fin de série* ↑
36. « Je me suis fait doubler » - *David* ↑
37. « Affaire d'un jour » - *Bensoussan* ↑
38. « Une main devant, une main derrière » -*Claude-Michel Schonberg* ↓
39. « Qu'est-ce que je fais là ? » - *Robert Tripoux* ↑
40. « Le cuir chevelu » - *Charles Chevignon* ↑

La plus forte progression

N° 1

**FIL BARNEY**

Le plus beau gadin

N° 22-27-38

**CLAUDE MICHEL SCHONBERG**

**TOP SENTIER** est sur minitel **34.1**[…] code **TAP5**[…]

# 130 francs • 135 pages !

MOINS D'1 FRANC LA PAGE ! ! !

**« Du SOLEX à la ROLEX » par Fil BARNEY**

**L'histoire d'une réussite**



# TOP SENTIER

**Président :** Georges-Marc BENAYACHE

**Directeur général :** Samuel BENAYACHE

**Rédateur en chef :** Jean-Pierre BENAYACHE

**Directrice artistique :** Sylvie BENAYACHE

**Service Photo :** Jean-Baptiste BENAYACHE

**Secrétariat :** Shirley Harvey

**Documentation :** Marie-Pierre FAURE

**Archives Photo :** Ludwig von BENAYACHE

**Rédacteurs :** Salvatore BENAYACHE
Yavé BENAYACHE
Li-Kong BENAYACHE

**Fabrication :** Marcel BENAYACHE

**Informatique :** John BENAYACHE

**Comptabilité :** Georges-Marc BENAYACHE

**Publicité :** N'Kono N'g'BENAYACHE

**Abonnements :** 3 quarto, rue d'Aboukir, 75001 PARIS

Demandez Georges-Marc.


# COURRIER DES LECTEURS...

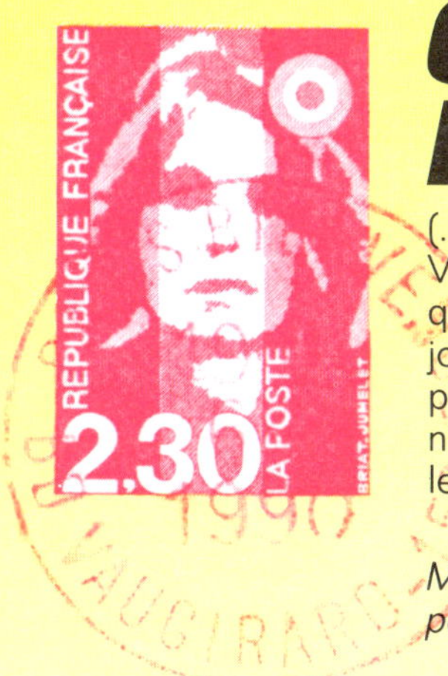


(...) 3,80 F c'est un peu cher. Vous n'êtes pas sans savoir que vous n'êtes pas le seul journal de musique sur la place. Je suis sûr que vous n'oserez jamais publier ma lettre. (...).

**Sammy L. Paris 75009**

*Merci Sammy pour ta lettre et pour le timbre de réponse.*

*Nous avons tenu compte de tes conseils car tu as sûrement remarqué que le TOP SENTIER de cette semaine est fixé à 3,80 F, à débattre. Utilise les mêmes arguments avec ton buraliste en disant qu'il n'est pas le seul sur la place.*

***Georges-Marc Benayache***

# OUI JE VEUX M'ABONNER à TOP SENTIER

***Plutôt deux fois qu'une***

***ÇA ME FAIT PLAISIR !***

Non, je ne veux pas l'exemplaire gratuit ni le cadeau de bienvenue.

**SI JE NE SUIS PAS ENTIEREMENT SATISFAIT**

je ne serai pas intégralement REMBOURSE DANS LES 10 JOURS.

*Si par hasard je ne reçois pas le journal c'est peut-être que vous avez du TRAVAIL AU MAGASIN.*

☐ 5 ans ☐ 10 ans ☐ à vie

AU PRIX DE : .................................. (à débattre)

NOM : ..................................................

PRENOM : ..............................................

ADRESSE : .............................................

CODE POSTAL : ................ VILLE : ....................

PAYS : ..................................................

# OÙ LEUR ECRIRE ?

**LES MACACHE**
c/o BLUE FASHION S.A.
3, rue d'Aboukir
75001 PARIS

**Fil BARNEY**
c/o « Autour de comme ça des garçons »
3 bis, rue d'Aboukir
75001 PARIS

**DAVID & BENSOUSSAN**
c/o TIVTOV EXPORT
3 ter, rue d'Aboukir
75001 PARIS

# ALLO LES M

# MACACHE ?... (EN PCV)

**TOP SENTIER : Allo Les Macache ?**
*Les Macache (ensemble) : oui... ?? (Rires)*
**TOP SENTIER : Alors, les Macache, après « Pour toi je reste ouvert le dimanche », qui a vendu plus de 2 000 000, vous...**
*L'opératrice (coupant l'interview) : ... vous acceptez le PCV ?*
*Les Macache : ... qué PCV ???*
*L'opératrice : Allo ?*
**TOP SENTIER : Oui, oui oui, y'z'acceptent.**
*Les Macache : D'où on accepte ? Qui a parlé de PCV ?*
*L'opératrice : allo... ?.*
**TOP SENTIER : Ne coupez pas.**
*Les Macache (entre eux) : y disent qu'il faut payer... déjà qu'on est pas payé pour l'interview...*
*combien il faut payer ?*
*L'opératrice : Vous payez ?...*
**TOP SENTIER : Bien sûr qu'ils paient... Allo les Macache ?**
*Les Macache (entre eux) : Et si on payait ? (rires)*
*Allez, raccroche !*
*Cloc.*
*L'opératrice : Allo ?*
**TOP SENTIER : Oui ?**
*L'opératrice : Qui a dit allo ?*
**TOP SENTIER : C'est moi.**
*L'opératrice :. Qui moi ?*
**TOP SENTIER : Moi. Qui moi ? Moi.**
*L'opératrice : Allo ?*
*Vous payez ?*
**TOP SENTIER : ... Cloc...**
*L'opératrice : Allo ?*

**LA SEMAINE PROCHAINE :**
**Allo Fil Barney ? ... en PCV**
(Propos recueillis par G.M.B.)

# LES NULS • Photos intimes

*Trouve toi-même les légendes des photos. Solutions page 62*

1

2

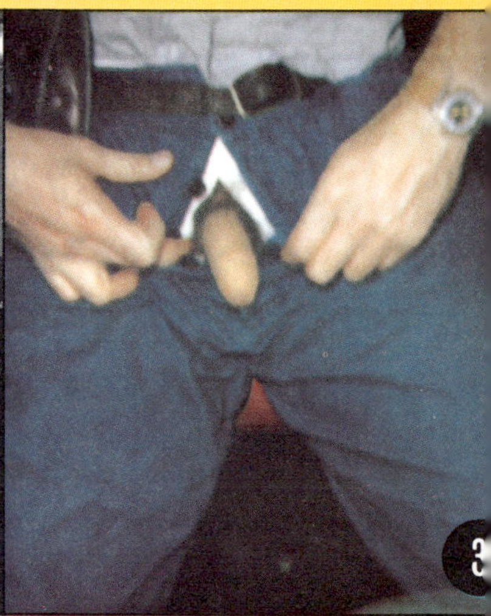
3

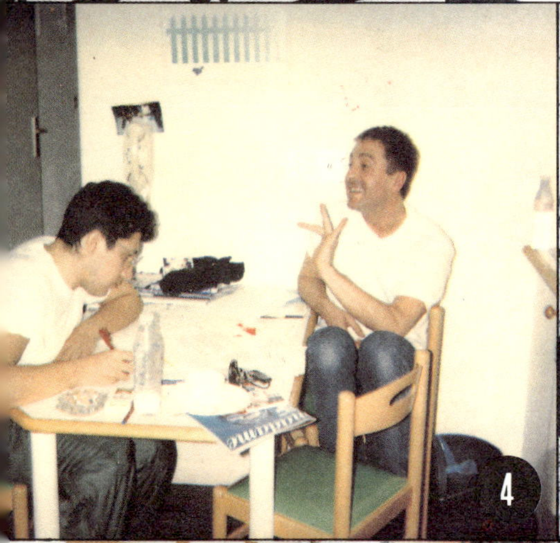
4

5

6

7

8

9

10

11

12

**Instructif et cocasse,
essai d'attribuer
à chacun des Nuls
son costume de**

# l'ABCD NULS

# TRIVIAS

## ABCD NULS

– *Qui portait le tee-shirt A ?*

– *Qui portait le tee-shirt B ?*

– *Qui portait le tee-shirt C ?*

– *Qui portait le tee-shirt D ?*

*Solutions page 62*

# A

**Abaca** n.m.
**[Ah ! bah ! Qu'à !]**

Matière textile tirée des feuilles d'un bananier.

*« Oh ! Le bel Abaca »*
*(OUPHOUËT)*

**Abracadabra** n.m.
**[Ah ! bras ! Qu'à d'às bras ?]**

Matière textabrile tirée des feuilles d'un Branacadanier.

*« Oh ! Le brel Branacadanier ! »*
*(OUPHOUËT)*

**Accent** n.m.
**[Té-cõn-putaing]**

Qui donne du goût au mot.

*« Une fois, en auto, j'ai eu un accent grave. »*
*(Johnny HALLIDAY)*

**Adagio** n.m.
**[Al-bi-no-ni]**

Indication de mouvement.

*« Lorsque Moustaki se gratte le cul furieusement, il fait un adagio. »*
*(Guy BEART)*

**Ad hoc** loc.
**[Ah bonjour professeur]**

Expert en la matière.

*« Je vous assure, c'est bien de la merde. »*
*(Pascal « ad hoc » SEVRAN)*

**A la plage** expr.
**[Zu-ï-t-ko-tt]**

Façon d'être à la mode.

*« J'ai marché sur une seringue, et me suis fait broyer par un Jet-Ski. Je suis très à la plage. »*
*(ANONYME)*

**Alpax** n.m.inv.
**[(Alu + Sili)²]**

Alliage d'aluminium et de silicium

*« Si tu vas réparer une fuite chez Noureev, n'oublie pas de mettre ton slip en Alpax. »*
*(RAYMOND, chef-plombier)*

**Ambiance** n.f.
**[Flön-flön]**

Atmosphère qui environne une réunion de personnes. »

*« J'ai lâché une caisse ; bonjour l'ambiance. »*
*(Bernard-Henry LÉVY)*

*« J'ai lâché une caisse : bonjour l'ambiance. »*
**[Bernard-Henri Levy]**

**Angoisse** n.f.
**[Dö-rot-thé]**

Inquiétude métaphysique née de la réflexion sur l'existence.

*« T'as plus de coca ? !... Quelle angoisse !...*
*(Vanessa PARADIS)*

**Argent** n.m.
**[Thü-ne]**

Nerf de la guerre.

*« L'argent rend beau. »*
*(Sylvester STALLONE)*

# B

**Black** n.m.
**[Noir]**

32 centimètres.

*« J'ai fait un cauchemar. Je n'étais pas black et je ne faisais plus rire personne. »*
*(Eric BLANC)*

**Beur** n.m.
**[marron]**

21 centimètres

*« J'ai fait un cauchemar. Je n'étais pas beur et je ne faisais plus rire personne. »*
*(SMAÏN)*

**Bite** n.f.
**[rose]**

7 centimètres.

*« On a fait un cauchemar. On ne disait plus bite et on ne faisait plus rire personne. »*
*(Les NULS)*

**Beurre** n.m.
**[Les-Kü-Rh]**

Aliment gras.

*« Oui, tu m'fais mal. C'est pas sous le bras qu'on le met le beurre. »*
*(Maria SCHNEIDER)*

**« Oui, tu m'fais mal. C'est pas sous les bras qu'on le met le beurre. »**
**[Maria Schneider]**

**Bouche** n.f.
**[George]**

Trou du haut.

*« Béatrice Dalle a une bouche de métro. Le commissaire Maigret, une bouche à pipe. »*
*(Paul WERMUS)*

# C

**Cabas** n.m.
**[Nöö-blee-pas-l'pin]**

Panier.

*« Kareem Abdul Jabar vient de marquer un formidable cabas. »*
*(George EDDY)*

**Cabot** n.m.
**[To-be-or-not-toobee]**

Qui se prend pour un comédien.

*« Warf. »*
*(LASSIE)*

*« Elle est bonne. On la garde. »*
*(Le RÉALISATEUR)*

**Candidate** n.f.
**[Jö-zi-âne]**

Qui tuerait père et mère pour un frigo.

*« J'ai perdu. Tant pis, le principal, c'est de gagner. »*
*(Une CANDIDATE)*

**Cascade** n.f.
**[Janpölbelmendo]**

Exécution de scènes dangereuses, d'exercices périlleux.

*« O.-K... Branche la télé sur la Une... Attention, je suis prêt... vas-y... met le son ! »*
*(Gilbert MONTAGNÉ)*

**Champêtre** adj.
**[f-xm-p̈-trh]**

Qui appartient à la culture générale.

*« C'est le garde-champêtre qui pue, qui pète, qui prend son cul pour une trompette. »*
*(Pierre DUMAYET)*

**Chantal Lauby** n.p.
**[Shän-Shän]**

Meuf des Nuls.

*« Comment elle s'appelle déjà la meuf des Nuls ?... »*
*(Daniel PRÉVOST)*

**Cheveu** n.m.
**[Mön-n-veu]**

Poil du haut.

*« Je me suis rasé les cheveux du bas pour être raccord. »*
*(KOJAK)*

**Chichi** n.m. fam.
**[Chie-chie]**

Manières, minauderies, simagrées.

*Allez, entre nous pas de chichis... »*
*(La marquise de Montespan)*

*« O.-k., mais on fait où cacacaca ?...*
*(Louis XIV)*

**Cinéma** n.m.
**[Mö-cheun-pik-chëur]**

Séances 14 h, 18h, 22 h (sam 0 h 30).

*« Moi, les films de cul, j'aime bien me les faire dans une grande sale. »*
*(Dominique FARRUGIA)*

**Clé** n.f.
**[Claiffe]**

Qui sert à faire fonctionner le mécanisme d'une serrure.

*« Quand on a perdu ses clés, on tuerait la terre entière. »*
*(Adolf HITLER)*

**Clip** n.m.
**[K-leep]**

Chanson filmée avec du film.

*« Perconnellement, je préfère le clip au saleçon, sa me tient mieux les souilles. »*
*(SERRONE)*

**Club** n.m.
**[Tri-ga-no]**

Variété de sandwich.

*« Agadir, c'était formidable. »*
*(Jacky BENADOUN)*

**Commérage** n.m.
**[Patäti-Patätä]**

Lâcher un bruit suspect.

*« Prince est la preuve vivante que Johnny Mathis a couché avec Michaël Jackson. »*
*(La RUMEUR)*

**Condé** n.m. arg.
**[Bo-R-nich]**

Commissaire. Inspecteur. Qui protège les honnêtes gens.

*« Voici votre petite enveloppe, commissaire. »*
*(Une honnête gens)*

**Condition** n.f.
**[Kon-Dix-Aï]**

Circonstance ; état ; manière d'être.

*« Il a préchauffé le four avant d'enfourner la viande. J'étais en condition. »*
*(Claudine BECCARIE)*

***« Quand on a perdu ses clés, on tuerait la terre entière. »***
**[Adolf Hitler]**

**Cruauté** n.f.
**[Do-rö-thée]**

Tendance à faire souffrir.

*« Tiens, je t'ai acheté le dernier disque des Musclés. »*
*(Un ancien ami)*

**Cuisine** n.f.
**[Zine-Kuy]**

Endroit où l'on trouve les femmes.

*« Et alors là c'est la cuisine. »*
*(LANDRU)*

**Cul** n.m.
**[Poo-R-vü-Kail-soy-Doüss]**

Sujet de conversation essentiel dans les bureaux.

*« Le dossier Lambert, tu peux te le mettre au cul. »*
*(Une SECRÉTAIRE)*

*« Parle à ma tête, mon cul est malade. »*
*(Rock HUDSON)*

**Culture** n.f.
**[Bô-bour]**

Ce qui reste quand on a tout oublié.

*« Merde, j'ai oublié le pain. »*
*(Andreï SAKHAROV)*

*« T'as qu'à foutre le jambon dans la Pleïade. »*
*(Sa femme)*

# D

**Déchéance** n.f.
**[Régine]**

Acheminement vers la ruine.

*« Je finirai "Les amants du Pont-Neuf" coûte que coûte. »*
*(Léo CARAX)*

**Démagogie** n.f.
**[Je vous ai compris !]**

cf. Discours politique.

*« Je dédie cette chanson à tous mes amis qui se battent dans le ghetto. »*
*(Bernard LAVILLIERS)*

**Démagogie** n.f.
**[Leu-pây-n]**

Politique par laquelle on flatte les masses.

*« Apostrophes et moi, nous étions complémentaires. »*
*(P.P.D.A.)*

**Demain** n.m.
**[Michel Denisot]**

Mot magique pour se débarrasser d'un con ou d'un problème de merde.

*« Arrête ! Tu me chatouilles, non... remettons ça à demain... »*
*(EVE, dans une forêt, et pourtant Adam avait le gourdin.)*

**Démodé** adj.
**[Y-sä-belo-bré]**

Qui n'est plus à la mode.

*« Allo... ? Allo... ! ! Je vais me suicider ! ! Allo ? Bon... » BANG !*
*(Le dernier cibiste)*

**Détente** n.f.
**[Des-tantes]**

Action de se détendre.

*« La lecture est une bonne détente. » (Bernard MONTIEL)*

**Dieu** n.m.
**[XXL]**

Grand Patron.

*« Si Dieu meurt, c'est Jésus qui hérite de tout. »*
*(EVANGILE selon saint Paul Lederman)*

**Dîner** verbe
**[Vöö-A-vé-Rai-Zhair-vé]**

Prendre le repas du soir.

*« Qui dort, dîne. » (Proverbe éthiopien)*

« Si Dieu meurt, c'est Jésus qui hérite de tout. »
[Evangile selon saint Paul Lederman]

**Dispute** n.f.
**[Tä-gueu-le !]**

Discussion à haute et intelligible voix.

*« Deux prostituées se disent pute. »*
*(Arnold BOISEAU)*

**Drague** n.f.
**[Dr̈-a-aaargh]**

Action de lier connaissance et plus si affinités.

*« La drague c'est de la merde. »*
*(Janis JOPLIN)*

# E

**Eté** n.m.
**[String]**

Période chaude et agréable.

*« J'ai été. »*
*(Laroche VALMONT)*

# G

**Géricault** n.p.
**[Le-ra-do-2-lamé-Duz-C-lui]**

Peintre français.

*« Dis, il a pas peint les trompettes, Jericho ? »*
*(Chantal GOYA)*

*« Ta gueule. »*
*(Son mari)*

**Ghetto** n.m.
**[Gay-deüh]**

Deux qui te tiennent, trois qui t'ethniquent.

*« Donnons le ghetto aux chocolats. »*
*(Martin LUTHER KING)*

# H

**Hargneux** adj.
**[Châ-bâ]**

Agressif, revêche, méchant.

*« Je vous rends pas la monnaie, mon chien est hargneux. »*
*(Un chauffeur de taxi)*

**Hépatite** n.f.
**[Vi-râle]**

Maladie qui s'attrape sur les plages.

*« ... A sucer des moules tout l'été, l'hépatite est arrivée (...) »*
*(Jean de la Founetaine, dans « Le poil et la biche »)*

**Home** angl.
**[Souitôm]**

Maison. Foyer.

*« Tu seras un home, mon fils. »*
*(Francis BOUYGUES)*

**Homme** n.m.
**[A-dent]**

Qui descend du singe.

*« Il ferait mieux de descendre le linge. »*
*(Gisèle HALIMI)*

**« Je vais faire des grands centres à mon nom, ça va hypermarcher. »**
**[Edouard Leclerc]**

**Hypermarché** n.m.
**[Ma-môô-th]**

Grande surface plate pleine.

*« Je vais faire des grands centres à mon nom, ça va hyper marcher. »*
*(Edouard LECLERC)*

# I

**Imprononçable** adj.
**[:/flb-oazN.p-Krg.z-/243]**

Impossible à prononcer.

*« Tu préfères Schwarzenegger ou Maruchka Detmers ? »*
*(Zbignew ZBIRIDNFSKI)*

**Indien** n.m.
**[Vo-mieu-ke-2-tulöra]**

Qui aime les plumes et les pipes.

*« Toi me sculpter un calumet ? »*
*(AIGLE-DANS-LE-DOS à Botte-De-Moto)*

**Interlude** n.m.
**[Pöz]**

Bouche-trou.

*« Tu seras mon petit train, je serais ton interlude. »*
*(Jean-Claude BRIALY)*

# J

**Jeu** n.m.
**[Gem-cho]**

Amusement-détente.

*« Tout n'était que jeux et ris. »*
*(Adolf HITLER)*

**Jeune** n.m.
**[Chyl-Dé-rik]**

Con.

*« Je suis resté très jeune. » (Sacha DISTEL)*

**Jésus** n.p.
**[Su-paire-stâ-rH]**

Fondateur de la religion chrétienne.

*« Si tu marches sur l'eau, je peux t'avoir deux pages dans l'Evangile. »*
*(Paul LEDERMAN)*

**Jouet** n.m.
**[Pär-mee-lyé]**

Objet dont les enfants se servent pour jouer.

*« Papa, je peux jouer avec ta bite ? »*
*« Oui mais ne t'éloigne pas trop. »*
*(MAMADOU, et son fils)*

**J.T.N.** Abrév.
**[Joo-R'n-hal'-tail-évi-zë-Nül]**

Age d'or des Nuls.

*« Pour retrouver le J.T.N., reportez-vous au Bestof des NULS 1 et 2. Pensez-y ! »*
*(Noël APPROCHE)*

**Judas** n.p.s.p.
**[Ven-dû-beurrörö-main]**

Traître

*« J'ai regardé par le trou de Judas, hé ben, il a pas mangé que des pommes vertes. »*
*(Sa concierge)*

**Juif** n. adj. m.
**[Feu-j)]**

Circoncis ayant le sens des affaires.

*« Batman ? ! ! Juif ? ? Tu me diras, avec son nom, j'aurais dû me douter... »*
*(SUPERMAN)*

**« Cher M. Bokassa, je vous rends votre grand chien jaune, il m'a encore dévoré une table. »**
**[Valéry Giscard d'Estaing]**

# L

**Lion** n.m.
**[Gra-oûr]**

Grand mammifère carnivore.

*« Cher M. Bossaka, je vous rends votre grand chien jaune, il m'a encore dévoré une table. »*
*(Valéry GISCARD D'ESTAING)*

**Ludique** adj.
**[Récré]**

Relatif au jeu.

*« Hé ! J't'échange mes deux otages français, d'ac... ? »*
*« Wa, non hé, j'les ai déjà... »*
*(KADHAFI à Abou Nidal)*

# M

**Matin** n.m.
**[Quel journal !]**

Début du jour.

*« Dis-donc, t'as envie de moi ce matin ?*

*— Non, j'ai envie de pisser. »*
*(Jean-Jacques DEBOUT à Chantal Goya)*

**Mégamix** n.m.
**[Gemixam]**

Vieux tas de merde remixé en un seul jeune tas de merde.

*« Il me reste un peu de rôti.
Demain je vous fais un hachis-parmentier. »
(SEVERINE)*

**Merde** n.f.
**[döb]**

Porte-bonheur.

*« Pourtant, j'avais marché dedans avant de monter dans la Porsche. »
(Chantal NOBEL)*

*« Ah c'était ça l'odeur ?... »
(Sacha Distel)*

**Mère** n.f.
**[Mö-man]**

Qui donne l'avis même quand on n'en a pas besoin.

*« Maman, si tu continues, ça va être ta fête ! »
(Philippe PÉTAIN)*

**Mets** n.m.
**[Boüffe]**

Ce qui est mis sur la table.

*« Je me suis fait mets sur la table. »
(Traci LORDS)*

**Michel** pr.
**[Mä-bêêêêle]**

Futur gendre idéal.

*« Mesdames, je serai un jour votre gendre, mais patience, je n'ai qu'une bite. »
(Michel DRUCKER)*

**Minable** adj.
**[Naz-brok]**

Très médiocre.

*« La femme est le meilleur compagnon de l'homme, 3 semaines par mois. »
(Dominique FARRUGIA)*

# N

**Nain** n.m.
**[Gildas]**

Voir « Gniard ».

*« Que celui qui ne s'est jamais moqué des nains me jette la première Pierral. »
(Mimie MATHY)*

***« Mesdames, je serai un jour votre gendre, mais patience, je n'ai qu'une bite. »***
**[Michel Drucker]**

**Nez** n.m.
**[Täärh-boui-ph]**

Partie saillante du visage.

*« Parfaitement, j'ai des cordes vocales dans le nez. »
(Bob DYLAN)*

**Nombre** n.m.
**[Di-bälle]**

Concept de base des mathématiques.

*« ... Nombre et prénombre, s'il vous plaît ? »
(Un banquier)*

# O

**Obsolète** adj.
**[Y-zä-belo-bray]**

Qui n'est plus d'usage.

*« Depuis que j'utilise Abiel, mon ancienne lessive est terriblement obsolète. »
(Bernard-Henri LÉVY)*

# P

**Pantalon** n.m.
**[mööl-beat]**

Article viril se vendant bien depuis cinq siècles.

*« Je voudrais un pantalon entièrement moulant, et serré aux couilles, c'est pour chanter. » (Mick JAGGER)*

**Papa** n.m.
**[Papa]**

Qui plante la graine.

*« Moi, la graine, jé mé la plante touté seule. » (Rika ZARAÏ)*

**Peigne** n.m.
**[Krä-sseu]**

Râteau pour les cheveux du haut.

*« Moi, quand je me coiffe, je ratisse large. » (KOJAK)*

**Peinture** n.f.
**[Ri-pö-lin]**

Art de la surface et de la couleur.

*« La peinture à l'huile c'est bien plus beau, mais c'est bien plus difficile que la peinture à l'eau. » (Un connaisseur)*

**Philosophie** n.f.
**[Shö-pen-hauer]**

Ensemble des études, des recherches visant à saisir les causes premières, la réalité absolue, ainsi que les fondements des valeurs humaines, et envisageant les problèmes à leur plus haut degré de généralité.

*« Si tu peux ni le baiser ni le bouffer, pisse dessus. » (Philosophie chien)*

**Pied** n.m.
**[Yêp]**

Partie inférieure à l'extrémité de la jambe.

*« Je déteste les vers qui ont douze pieds. » (Un mille-pattes)*

**Playmate** n.f.
**[Kü-nu]**

Femme à poil, lochée et fionée.

*« Je rêve d'une femme à poil. » (Le Yéti)*

« Hein ? »
[Ludwig von Beethoven]

**Polémique** n.f.
**[Vik-tör]**

Echange de points de vue.

*« J'échangerais bien mon point de vue. » (Gilbert MONTAGNÉ)*

*« Hein ? » (Ludwig von Beethoven)*

**Poncif** n.m.
**[A-mô-niak-hal]**

Banalité, cliché, lieu commun.

*« Tu vas voir, quand t'auras un gosse, ça change tout. » (Un abruti)*

**Potron-minet** n.m.
**[Tô]**

Le point du jour. L'aube.

*« Chérie, j'aimerais faire l'amour jusqu'à Potron-minet. » (Un prof de français)*

*« Ouai, ben bande déjà jusqu'à Versailles, après on verra. » (Sa femme)*

**Prise de conscience** n.f.
**[Bhoonss-an-mê-C-byain-Sür !]**

Révélation. Limpidité soudaine.

*« Si j'avais su que t'étais si con… » (Jean-Jacques DEBOUT)*

**P.T.T.** abrév.
[Grève]

Postes et Télécommunications.

*« Bougez avec la poste ! »*
*(Un facteur, en train de trombiner la femme du boulanger.)*

*« Moi, je préfère coller les timbres. »*
*(Catherine LARA)*

**Publicité** n.f.
[Aaaa-dou-dou-dou]

Du latin « Publicis » et du juif « Bleustein-Blanchet ».

*« En publicité un bon nom c'est important. »*
*(Henri MERDOCU)*

# Q

**Q.I.abrev.**
[Kuyi]

Quotient intellectuel.

*« Moi, mon Q.I., je le porte sur ma gueule. »*
*(Un skin)*

**Question** n.f.
[Kaiss-zö]

Supplice.

*« C'est combien ? »*
*(Question de fond)*

# R

**Raie** n.f.
[Dü-kü]

Poisson au corps aplati en losange, et à la queue hérissée de piquants.

*«T'as vu ce que j'ai fait de ton poisson rouge avec un marteau et des épingles ? »*
*(Chantal GOYA)*

**« Mais regarde dans le rétroviseur au lieu de te retourner tout le temps, Sacha ! »**
**[Chantal Nobel]**

**Réflexion** n.f.
[REFLEXION]

Tout ce qui affecte la conscience.

*« Réflexion faite, je reprendrais bien du poulet. »*
*(Arthur SCHOPENHAUER)*

**Rétroviseur** n.m.
[Raie-trö-viz-heur]

Miroir qui permet au conducteur de voir derrière lui.

*« Mais regarde dans le rétroviseur au lieu de te retourner tout le temps, Sacha... »*
*(Chantal NOBEL)*

**Risette** n.f.
[Hi-Hi-Hi]

Sourire à un enfant.

*« A ga zou dou lou ti ? »*
*(Raymond BARRE)*

**Rôle n.m.**
[Am-zä-lâg]

Qui joue dans le monde, un certain personnage.

*« Mon rôle est de défendre la vulve et l'orphelin. »*
*(SPERMAN)*

*« Finis d'abord la vaisselle. »*
*(Sa mère)*

**Roue** n.f.
**[Chin-Däy-Reila]**

Rondelle dure tournant sur un axe.

*« Ça fait des années que j'ai pas vendu une roue. »*
*(Dick RIVERS)*

**Roupette** n.f.
**[Yeuk]**

Pratique pour les jeux de mots.

*« Quand la peau de mérou se tend, la peau de mérou pète. »*
*(Luc BESSON)*

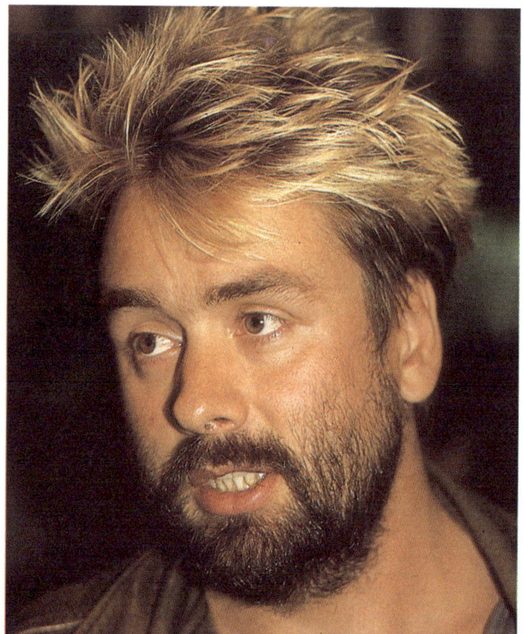

**« Quand la peau de mérou se tend, la peau de mérou pète. »**
**[Luc Besson]**

# S

**Sexe** n.m.
**[Bite-foûne]**

Qui sert à pisser.

*« J'ai vu la Schtroumpfette à poil, c'est pas une vraie bleue. »*
*(GARGAMEL)*

**Sexuel** adj.
**[Tü-te-Chetou-Pelossä]**

Relatif au sexe.

*« Je mettrai bien la table »*
*(Dominique FARRUGIA)*

*« Merci bien… pour avoir un polichinelle dans le tiroir… »*
*(La table)*

**Soap** n.m. du brésilien « novela »
**[Sans-ta-barbe-à-ras]**

Feuilleton à chier.

*« … Mark révèle à Mason que l'enfant n'est pas de lui… »*
*(Téléstar p. 62)*

**Speakerine n.f.**
**[Li-O-nail-K-100]**

Plante verte.

*« Ce soir, sur A2, Avis de Sacrée Soirée c'est fou Libris où Laurent Cabrol recevra la grande Sophie Mormoil pour une sacrée surprise, puisque nous avons retrouvé son pull… »*
*(Une speakerine, un soir)*

**Spéculum** n.m.
**[Tör-tü-Rh]**

Arbre gynécologique.

*« Toi, t'as du bol, tu t'occupes que d'un con à la fois. »*
*(Un barman à un gynéco)*

# T

**Tache** n.f.
**[sp-röu-tch]**

Saleté, souillure.

*« Si tu employais une lessive qui fait vraiment disparaître toutes les taches, tu serais plus là. »*
*(Jean-Jacques DEBOUT)*

**Tarzan** n.p.
**[oua-yes-mölaire]**

Roi de la jungle.

*« Si Tarzan et Jane avaient été juifs, Cheetah serait un manteau de fourrure. »*
*(Edgar Rice BURROUGHS)*

**Taux** n.m.
**[AK-tuä-aruyé-L-brute]**

Pluriel de tal.

*« Zéro plus zéro égale la tête à taux taux. »*
*(Blague de banquier)*

**Taxi** n.m.
**[Jo]**

Qui charge et décharge à volonté.

*« C'est pas mon chemin. » (Un taxi parisien)*

**Télévision** n.f.
**[O-aire-thé-aiffe]**

Lucarne, ouverture sur la vie.

*« Maintenant, je vais vous montrer mon Zénith à moi. »*
*(Michel DENISOT, sortant sa bite)*

**Tendresse** n.f.
**[Päss-eu-soir-G-lä-myg-rène]**

Repos de la passion.

*« Bon, ben si y'a plus de passion, je vais prendre de la pistache. »*
*(Une goulue)*

**Terre** n.f.
**[Terre]**

Qui est ronde et qui tourne.

*« J'étais ronde. Ça tournait. Je suis tombée par terre. »*
*(RÉGINE)*

**Tête-à-tête** loc.inv.
**[Têt-à-têt]**

Soixante-neuf belge.

*« Et si nous dînions ce soir en tête-à-tête ? »*
*(Louis XVI à Marie-Antoinette)*

**Travelo** du brésilien
**[Chän-fron-Lamour]**

Femme à poils.

*« Les escarpins, vous les avez en 44 ? »*
*(Amanda LEAR)*

**Titanic** n.f.
**[Blüb-Blüb]**

Insubmersible menteur.

*« Putain, leur Whisky, ils le coupent avec de l'eau ! »*
*(Un passager, pas au bout de ses surprises)*

**Turbain** n.m. arg.
**[Sta-kha-nö-vist]**

Gagne-pain.

*« Après le turbin, y'a pas mieux qu'une petite pipe. »*
*(Pierre DUMAYET)*

*« Les escarpins, vous les avez en 44 ? »*
**[Amanda Lear]**

# U

**Une seconde** expr.
**[Minüt-Kokott-minüt]**

Unité de temps extensible.

*« Attendez-moi. Je reviens dans une seconde. »*
*(Danièle GILBERT)*

# V

**Verge** n.f.
**[Neu]**

Partie de l'ancre d'un bateau.

*« Capitaine je coule !*
*— Accrochez-vous à ma verge, moussaillon ! »*
*(TINTIN à Haddock)*

**Vidéo** n.f.
**[VHS-B-V2000]**

Ennemie du film.

*« Vidéault ! mon ennemi juré ! Je te croyais mort ? !... »*
*(PHILME)*

**Violence** n.f.
**[Vi-o-Lanss]**

Langage gestuel.

*« La violence est un pain qui se mange chaud. »*
*(Mike TYSON)*

**Virgule** n.f.
[,]

Signe de ponctuation peu marqué, signifiant un repos dans la phrase.

*« Il fait beau ce matin, virgule, je vais aller acheter des bananes et deux tranches de jambon ce midi, virgule, j'aime bien les bananes quand elles sont bien mûres, virgule, il ne faut pas que j'oublie de passer payer ce que je dois à la crémière, virgule, cette femme charmante, virgule, douce, virgule, aux cheveux déjà faiblement saupoudrés de vieillesse, virgule, et après, virgule, s'il me reste un peu d'argent, j'irai me faire sucer. Point. »*
*(Bernard PIVOT, pendant le championnat de France d'orthographe)*

**Virus** n.m.
**[Vi-Russe]**

Qui se transmet de paire en paire.

*« Je ne sais plus par quel trou j'ai attrapé le virus du golf. »*
*(André ROUSSELET)*
*2 en dessous du Par)*

# W

**Wagner** n.p.
**[Ri-chäärd]**

Compositeur allemand victime du fascisme en 1883.

*« Je veux bien payer ton loyer, Richard, mais arrête de faire le con. »*
*(Louis II de Bavière)*

**Wallon** n.m.
**[Vä-lõ]**

Belge de la Belgique du Sud développant un humour fin et racé.

*« Accroche-toi à l'échelle, j'enlève le pinceau. »*
*(Azelnööt MELTBLOCK)*

*« J'ai une cote pas possible au Tibet. »*
**[Demis Roussos]**

# X

**X** n.m.
**[Eeeeeeks !]**

Antépénultième lettre.

*« J'en ai plein le cul de faire le X. » (Traci LORDS)*

**Xylophone** n.m.

Instrument de musique.

*« Le xylophone, c'est comme la télé, faut taper dessus pour que ça marche. »*
*(Un membre du CSA)*

# Y

**Yack** n.m.
**[Yak !]**

Ruminant au corps massif à longue toison soyeuse.

*« J'ai une cote pas possible au Tibet ! »*
*(Demis ROUSSOS)*

**Yaourt** n.m.
**[Krö-m-lee]**

Anglais employé par les rockers français.

*« A wa neu fone egaine. »*
*(Dick RIVERS)*

# Z

**Zéphyr** n.m.
**[Zai-fir]**

Petit vent. Brise légère.

*« (...) Tout vous est aquilon,*
*Tout me semble zéphyr (...) »*
*Jean de La Fontaine,*
*en lâchant une perle)*

**Zigounette** n.f.
**[Teüb]**

Terme qui désigne
une bite sur A2.

*« Voici le joli cinq pièces que*
*j'hazigounette. »*
*(Michel DRUCKER)*

**Zizi** n.m.
**[Zguëg]**

Terme qui désigne
une bite sur TF1.

*« Le catamaran Durex était*
*attaché à la zizi d'amarrage. »*
*(Roger ZABEL)*

# AV.

Prononcer « Yaite ».

*Historique : Longtemps le T se prononçait « Yaite ». Puis, au Moyen Age, pendant l'assaut final, sur les remparts de Carcassonne par les armées du baron Hugues — armée formée uniquement de mercenaires — c'est le bourgmestre de la ville qui le supprima pour prononcer simplement le YÉ : « you ». Mais si le **AV.** se prononce « you », comment sait-on alors, qu'on a affaire à un **AV.** et non pas à un « you » ?*
*Je m'attendais un peu à cette remarque.*

**AV. i** n.c.
**[Yéti]**

Mammifère prognate et décérébré.

*« **AV.** i ?... y **AV.** u ? »*
*(Populaire)*

**« [...] tout vous est aquilon,**
**tout me semble zéphyr [...]**
**[Jean de La Fontaine, lâchant une perle]**

## Liste des Abréviations

n.m. : *nom masculin*
n.f. : *nom féminin*
n.p. : *nom propre*
n.p.s.p. : *nom pas si propre*
n.s. : *nom sale*
n.c. : *nom commun*
abrev. : *abréviation*
angl. : *anglicisme*
fam. : *familier*
adj. : *adjectif*
tag. : *ta gueule*
sing. : *singulier*
pl. : *pluriel*
pr. : *prénom*
verb. : *verbe*
loc. : *locution*
invar. : *invariable*
expr. : *expression*
adv. : *adverbe*
arch. : *archaïque, désuet.*
aux. : *auxiliaire*
conj. : *conjonction*
cong. pay. : *congés payés*
dem. : *démonstratif*
gram. : *grammatical*
interj. : *interjection*
m. : *masculin*
f. : *féminin*
eff. : *effeminé*
poss. : *possessif*
jal. : *jaloux.*

Cet album a été achevé d'imprimer
en février 1994
sur les presses de Aubin Imprimeur à Poitiers
pour Albin Michel et Canal + éditions

N° d'édition : 13677
Dépôt légal : mars 1994